I0156356

NTS A MARIE

SECONDE PARTIE

CANTIQUES POUR LE MOIS DE MAI

LES FÊTES DE LA SAINTE VIERGE

ET SUR DIVERS SUJETS

PAR LE R. P. N. LOUIS

de la Compagnie de Jésus

SEPTIÈME ÉDITION

PARIS

LIBRAIRIE DE Mme Vve POUSSIELGUE-RUSAND

Rue Saint-Sulpice, 23

1857

CHANTS A MARIE

SECONDE PARTIE

9

La musique de ces cantiques par le R. P. L. Lambillotte, in-8º. *Prix net.* 5 fr.

PROPRIÉTÉ DE

TOURS. — IMPRIMERIE MAME.

CHANTS A MARIE

SECONDE PARTIE

———

CANTIQUES POUR LE MOIS DE MAI

LES FÊTES DE LA SAINTE VIERGE

ET SUR DIVERS SUJETS

PAR LE R. P. N. LOUIS

de la Compagnie de Jésus

Maria non recedat ab ore, non recedat
a corde. (S. Bernard, Serm. 2.)

———

SEPTIÈME ÉDITION

PARIS

LIBRAIRIE DE Mme Ve POUSSIELGUE—RUSAND
Rue Saint-Sulpice, 23

——

1857

CHANTS A MARIE

SECONDE PARTIE

1.

LA NEIGE A DISPARU.

La neige a disparu du sommet des montagnes;
Les zéphyrs loin de nous ont chassé l'aquilon.
Le printemps de ses dons embellit les campagnes,
Et ramène à nos vœux la plus belle saison.

Les fleurs que sous ses pas il fait partout éclore
Déjà de leurs parfums ont embaumé les airs,
Et du beau mois de mai pour saluer l'aurore
Tous les oiseaux en chœur forment de doux concerts.

Enfants, mêlons nos voix à leur tendre harmonie,
Tressons tous à l'envi des guirlandes de fleurs
Pour en parer l'autel de la Vierge Marie;
Célébrons son amour, et chantons ses douceurs.

Mille fois nous avons éprouvé sa clémence,
Mille fois nous avons ressenti son amour;
Dans ce beau mois de fête et de reconnaissance,
Autour de son autel pressons-nous chaque jour.

A ses pieds prosternés, dans ce doux sanctuaire,
Nos vœux seront pour elle un agréable encens ;
Car il ne fut jamais pour l'amour d'une mère
D'hommages plus chéris que ceux de ses enfants.

Quand des feux du matin l'orient se colore,
Que le nom de Marie anime nos concerts !
Et pour le répéter assemblons-nous encore
Lorsque la sombre nuit va couvrir l'univers.

Et, réunis un jour aux célestes phalanges,
Doucement transportés aux demeures du ciel,
Nous mêlerons encor, sur la lyre des anges,
Le doux nom de Marie au nom de l'Éternel.

2.

LE PRINTEMPS.

Le printemps, auguste Marie,
De ses trésors pare nos champs ;
De tes vertus dans la prairie
Brillent mille emblèmes touchants.

L'univers semble te sourire ;
Pour toi bondit le jeune agneau,
Le doux zéphyr pour toi soupire,
Pour toi murmure le ruisseau.

L'oiseau, dans son joyeux ramage,
Chante ta gloire et ton bonheur ;
L'horizon pur et sans nuage
De ton âme peint la candeur.

Le séraphin t'offre, ô Marie,
L'hommage des cœurs innocents ;
Il sourit au cœur qui te prie ;
Il porte vers toi notre encens.

Quand, pour célébrer tes louanges,
Nous entourons ton saint autel,
Sur nous, Reine auguste des anges,
Abaisse un regard maternel.

3.

LE MOIS DE MARIE.

Heureux enfants d'une mère chérie,
Dans vos transports unissez-vous ;
Venez, venez à l'autel de Marie ;
Tous à ses pieds prosternons-nous.

Du mois de notre mère
Voici venir le doux retour ;
Parons son sanctuaire ;

Répétons nos refrains d'amour .
>   Tendre Marie ,
>   Mère chérie ,
Nous t'offrons nos premières fleurs ;
>   Tendre Marie,
>   Mère chérie ,
Reçois nos chants, reçois nos cœurs.

Nous avons vu briller la douce aurore
   Qu'appelaient nos soupirs , nos vœux ;
Sur nous du ciel vont reposer encore
   Les bienfaits , les dons précieux.
      Du mois , etc.

Du plus beau mois l'agréable présence
   Soudain rappelle le bonheur ;
Il apparaît, et partout l'espérance
   Verse un baume consolateur.
      Du mois, etc.

Pour te bénir la riante nature,
   Vierge, nous offre ses trésors ;
Les champs ont pris leur plus riche parure,
   Les oiseaux leurs joyeux accords.
      Du mois, etc.

Nous, que ton cœur, mère tendre et chérie,
   Unit de l'amour le plus doux,

Nous reviendrons chaque jour, ô Marie,
   Redire tes bienfaits pour nous.
     Du mois, etc.

Nous reviendrons au lever de l'aurore
   A tes pieds déposer nos fleurs ;
Et si du temps la main les décolore,
   Près de toi resteront nos cœurs.
     Du mois, etc.

4.

O MOIS HEUREUX.

   O mois heureux
   Que notre âme attendrie
Depuis longtemps appelait de ses vœux,
O mois des fleurs, sois le mois de Marie;
Brille sur nous plus doux, plus radieux,
   O mois heureux.

   Coulez, beaux jours,
   Si chers à l'innocence,
Où tous les cœurs à Marie ont recours,
Jours qu'a choisis notre reconnaissance,
Jours dont Marie embellira le cours;
   Coulez, beaux jours.

Offrons des fleurs
A notre tendre mère ;
Consacrons-lui ces présents de nos cœurs :
Le lis si pur, la rose printanière,
La violette aux modestes couleurs :
Offrons des fleurs.

Petits oiseaux
Que le printemps ramène ,
Célébrez tous par des concerts nouveaux
De l'univers l'aimable souveraine ,
Et choisissez de vos chants les plus beaux ,
Petits oiseaux.

O nom chéri
Que les oiseaux bénissent !
Nous t'écrivons sur l'arbuste fleuri ;
Que de toi seul les échos retentissent,
Et que nos voix te chantent à l'envi ,
O nom chéri !

O mois heureux ,
Sois pour nous sans nuage ;
Que ton azur longtemps charme nos yeux ;
De notre Reine, ah! sois pour nous l'image,
Et resplendis de tout l'éclat des cieux ,
O mois heureux !

5.

SALUT, O MOIS HEUREUX.

Salut, ô mois heureux, dont le nom de Marie
    Doit embellir tous les instants !
Ta présence est pour nous ce qu'est à la prairie
    Le premier soleil du printemps.
    Vois tous les cœurs remplis d'ivresse
    Se dilater, se réjouir ;
    Vois partout briller l'allégresse,
    Et tous les fronts s'épanouir.

    O toi dont l'aurore chérie
    Vient nous charmer en ce moment,
    Mois heureux, beau mois de Marie,
    Coule, coule plus lentement.   (*bis.*)

Que le ciel soit serein, que nul léger nuage
    N'en ternisse l'aimable azur !
Pour rendre à notre mère un glorieux hommage
    Serait-il jamais assez pur ?
    Zéphyrs, retenez votre haleine ;
    Oiseaux, chantez vos doux concerts ;

Que le beau nom de notre Reine
Soit le seul chant de l'univers !
O toi, etc.

Que le ciel en ce jour, versant sur la nature
Ses parfums les plus précieux,
Se plaise à prodiguer les fleurs et la verdure.
Notre mère est Reine des cieux :
A la louer que tout conspire,
Que tout s'accorde à l'exalter !
Tout l'univers est son empire ;
Tout l'univers doit la fêter !
O toi, etc.

Et vous, enfants pieux, qui, guidés par le zèle,
Viendrez désormais chaque jour
Présenter votre hommage à la Vierge fidèle
Et former sa modeste cour,
O vous qui désirez lui plaire
Par votre saint empressement,
De son aimable sanctuaire
Soyez le plus bel ornement.
O toi, etc.

Aux fleurs que le printemps sème sur son passage
Joignez les fleurs de vos vertus ;
Ce sont là les présents qu'elle attend de votre âge

Et les fleurs qu'elle aime le plus.
Présentez-lui de préférence
La violette et l'humilité,
Les lis unis à l'innocence,
Les roses à la charité.
O toi, etc.

Pour redire son nom, sa bonté, sa puissance,
Unissons nos cœurs et nos voix.
En ce mois tout ressent son heureuse influence;
Que tout la célèbre en ce mois.
Décorez l'autel de Marie
Des plus gracieuses couleurs :
Aux fleurs ses pas donnent la vie;
Ainsi n'épargnez pas les fleurs!
O toi, etc.

6.

TOUT S'ANIME DANS LA NATURE.

Tout s'anime dans la nature
Au souffle embaumé du printemps;
L'oiseau, sous son toit de verdure,
Déjà fait entendre ses chants.

Beau mois de mai, mois de Marie,
Je te salue avec bonheur ;
Et ton enfant, Vierge bénie,
Chaque jour t'offrira son cœur.

Le soleil enfin nous ramène
Les jours purs qu'appelaient nos vœux ;
Bénissons notre Souveraine ;
Célébrons la Reine des cieux.
Beau, etc.

Échos, que votre voix publie
Le cri jeté par mon amour ;
Redites le nom de Marie
A tous les échos d'alentour.
Beau, etc.

Oiseaux dont le joyeux ramage
Tout le jour enchante ces lieux,
Sous l'ombre fraîche du bocage
Célébrez la Reine des cieux.
Beau, etc.

Zéphyrs dont l'haleine embaumée
Balance le feuillage épais,
De cette Reine bien-aimée
Portez le nom dans les forêts.
Beau, etc.

Ruisseaux dont l'onde pure et claire
Du lis entretient la fraîcheur,
Redites le nom de ma mère
Dans votre murmure enchanteur.
Beau, etc.

7.

HOMMAGE A MARIE.

Dans ce beau mois, ô Marie,
Tu nous combles de faveurs;
Tous heureux, mère chérie,
Nous venons t'offrir nos cœurs.
Vois au pied de ton image
    Tes enfants,
Et daigne agréer l'hommage
    De leurs chants.

Avec tous les cœurs des anges,
Dans nos cantiques joyeux,
Nous célébrons tes louanges,
Nous te présentons nos vœux.
Au nom si doux de Marie
    Tout sourit;
A ce nom l'âme ravie
    S'attendrit.

D'un bonheur pur sous ton aile
Nous ressentons les transports ;
Pour toi la saison nouvelle
Nous prodigue ses trésors.
Sur les coteaux, dans la plaine
  Mille fleurs
Font briller, divine Reine,
  Leurs couleurs.

De ses dons, riche parure
De la plaine et des coteaux,
Notre main à la nature
A dérobé les plus beaux.
Daigne, ô céleste Princesse,
  Accueillir
Ces fleurs que notre tendresse
  Vient t'offrir.

De nos cœurs touchante image,
A tes regards chaque fleur
Exprime dans son langage
De tes enfants la ferveur ;
Chaque fleur, ô tendre Mère
  De Jésus,
Rappelle encore à la terre
  Tes vertus.

Ces fleurs parfument ton trône
De leurs suaves odeurs ;
Quel éclat à ta couronne
Donnent leurs vives couleurs !
Nos guirlandes embellissent
  Ton autel,
Et nos concerts retentissent
  Jusqu'au ciel.

Tendre et bienfaisante mère,
Pour ton saint cœur obtiens-nous
L'amour qu'avait sur la terre
Le cœur de ton chaste époux.
Nous voulons, ô Vierge aimable,
  Par ton cœur
Aller au cœur adorable
  Du Sauveur.

8.

NAISSANCE DE MARIE.

De nouveaux feux le ciel se dore ;
Quel jour va briller à nos yeux ?
Quelle est cette éclatante aurore
Dont la splendeur charme les cieux ?

Partout sa vertu salutaire
Excite les plus doux transports;
Les Séraphins, ravis de sa lumière,
Ont entonné leurs sublimes accords.

C'est Marie,
La Vierge bénie,
De Sion la gloire et l'honneur!
C'est Marie,
La Vierge bénie,
L'auguste mère du Sauveur!

Quittez les voûtes éternelles,
Princes de la céleste cour!
Venez, et couvrez de vos ailes
L'objet sacré de notre amour.
Marie est votre souveraine,
Offrez-lui votre pur encens;
Formez vos chœurs autour de votre Reine;
Mêlez son nom aux célestes accents.
C'est Marie, etc.

Et vous, habitants de la terre,
Dans vos concerts unissez-vous.
Du Ciel a cessé la colère;
Ses regards s'arrêtent sur nous.
Jessé de sa tige féconde

Voit naître la plus belle fleur ;
Son doux aspect vint annoncer au monde
Des jours de paix, des siècles de bonheur.
  C'est Marie, etc.

Longtemps au milieu des ténèbres,
Assis à l'ombre de la mort,
Couverts de ses voiles funèbres,
Vous avez pleuré votre sort ;
Mais enfin se lève l'aurore
Qui doit précéder le grand jour.
Du ciel déjà la voûte se colore;
La triste nuit disparaît sans retour !
  C'est Marie, etc.

Marie à son heureux empire
Soumet les cœurs par ses bienfaits.
De Satan la puissance expire;
Contre lui se tournent ses traits..
La main de la Vierge chérie
Du pécheur va briser les fers,
Et le Seigneur, au seul nom de Marie,
Déjà sourit aux vœux de l'univers.
  C'est Marie, etc.

9

LE SAINT NOM DE MARIE.

Qu'il est doux, mélodieux,
  Le saint nom de Marie,
  De ma mère chérie !
Qu'il est doux, mélodieux !
Qu'il est beau, délicieux !

De tous les noms Marie a le plus tendre ;
Après Jésus c'est le nom le plus beau ;
L'enfant déjà le dit à son berceau,
Et le vieillard est heureux de l'entendre.
    Qu'il est doux, etc.

Ton nom sacré, sainte Vierge Marie,
Toujours s'unit au saint nom de Jésus ;
Au ciel il fait le bonheur des élus,
Et sur la terre il charme notre vie.
    Qu'il est doux, etc.

Après l'hiver, quand renaît la verdure,
Quand le printemps se couronne de fleurs,
Soudain la joie anime tous les cœurs ;
Ton nom chéri donne une paix plus pure.
    Qu'il est doux, etc.

Quand le sommeil vient fermer ma paupière,
Je le prononce avec un tendre amour ;
Quand à la nuit vient succéder le jour,
J'invoque encor le saint nom de ma mère.
    Qu'il est doux, etc.

Divin Jésus, quand une âme est coupable,
Ton nom parfois la remplit de terreur :
Douce Marie, au malheureux pécheur
Que peut offrir ton nom de redoutable ?
    Qu'il est doux, etc.

Quand sur la mer ma fragile nacelle,
Jouet des vents, menace de périr,
Vierge, vers toi si je pousse un soupir,
Tu viens aux vœux de l'enfant qui t'appelle.
    Qu'il est doux, etc.

Si le démon dans sa noire furie
De mille traits vient assaillir mon cœur,
De l'ennemi je demeure vainqueur
En répétant le saint nom de Marie.
    Qu'il est doux, etc.

Nom bien-aimé, quand ma lèvre flétrie
Ne pourra plus exprimer ta douceur,
Puissé-je encor t'invoquer en mon cœur
Et te bénir au terme de la vie !
    Qu'il est doux, etc.

Puissé-je un jour, ô mon auguste mère,
Mêler ton nom au chant du séraphin!
Avec Jésus te célébrer sans fin,
De ton enfant c'est le vœu, la prière!
    Qu'il est doux, etc.

10.

TITRES DE MARIE.

Vous êtes, ô Vierge Marie,
L'objet de nos chastes amours;
Vous êtes pour nous la patrie
Que l'exilé cherche toujours.

Vous êtes la céleste aurore
Qui dissipe nos longues nuits,
Quand notre front se décolore
Sous le poids des cruels ennuis.

Vous êtes l'odorant calice
D'où distille un baume divin;
A notre voix toujours propice,
Jamais on ne vous prie en vain.

Vous êtes le phare qui brille
Aux yeux des pâles matelots

Lorsque le vaisseau sur sa quille
Roule ballotté par les flots.

Vous êtes l'ombreuse vallée
Où nous aimons à nous asseoir ;
Vous êtes la plaine étoilée
Que notre œil contemple le soir.

Vous êtes la mère des hommes,
L'espérance de l'univers ;
O Marie, heureux que nous sommes !
Vos bras toujours nous sont ouverts.

Vous êtes la tour dont le faîte
Surpasse l'ivoire en blancheur,
La tour sainte du roi-prophète,
Où se retire le pécheur.

Vous êtes la reine des anges,
Et leur bonheur, et leur amour ;
Sans cesse ils font de vos louanges
Retentir le divin séjour.

Du Roi du ciel et de la terre,
De notre Sauveur, de Jésus,
O Vierge, vous êtes la mère ;
Que pouvons-nous dire de plus ?

11.

HYMNE DE S. CASIMIR.

Unis aux concerts des anges,
Aimable Reine des cieux,
Nous célébrons tes louanges
Par nos chants mélodieux.
    De Marie
    Qu'on publie
Et la gloire et les grandeurs!
    Qu'on l'honore,
    Qu'on l'implore,
Qu'elle règne sur nos cœurs!

Auprès d'elle la nature
Est sans grâce et sans beauté,
Les cieux même sans parure,
L'astre du jour sans clarté.
    De Marie, etc.

C'est le lis de la vallée
Dont le parfum précieux
Sur la terre désolée
Attira le roi des cieux.
    De Marie, etc.

C'est l'auguste sanctuaire
Que le Dieu de majesté
Inonda de sa lumière,
Embellit de sa beauté !
     De Marie, etc.

C'est la Vierge incomparable,
Gloire et salut d'Israël,
Qui pour un monde coupable
Fléchit le courroux du Ciel.
     De Marie, etc.

C'est la Vierge, c'est Marie :
Dans ce nom que de douceur!
Nom d'une mère chérie,
Nom doux espoir du pécheur.
     De Marie, etc.

Ah! vous seuls pouvez nous dire,
Mortels qui l'avez goûté,
Combien doux est son empire,
Combien grande est sa bonté.
     De Marie, etc.

Qui jamais de la détresse
Lui fit entendre le cri,
Et n'obtint de sa tendresse
Sous son aile un sûr abri?
     De Marie, etc.

Vous qui d'un monde perfide
Craignez les puissants appas,
Si Marie est votre égide,
Vous ne succomberez pas.
De Marie, etc.

En vain l'enfer en furie
Frémirait autour de vous;
Si vous invoquez Marie,
Vous braverez son courroux.
De Marie, etc.

Oui, je veux, ô tendre mère,
Jusqu'à mon dernier soupir
T'aimer, te servir, te plaire
Et pour toi vivre et mourir.
De Marie, etc.

12.

VIERGE SAINTE.

Vierge sainte, dont la mémoire
Est un parfum délicieux,
Nous venons chanter votre gloire,
Redire vos dons précieux.

S'il est doux à votre tendresse
  De bénir vos enfants,
Nous, sainte mère, avec ivresse
Pour vous louer nous unissons nos chants.

Quand le printemps sur la nature
Verse ses trésors, ses faveurs,
Bientôt la naissante verdure
Se couronne de riches fleurs.
Telle, ô Vierge, votre présence
  Soudain comble nos vœux,
Et le baume de l'espérance
Guérit nos maux et rend nos cœurs heureux.

Symbole encor de notre mère,
L'humble violette au vallon
Aime, craintive, solitaire,
A se cacher sous le gazon:
Touchant emblème de Marie,
  En nous voilant ses traits
Elle montre sa modestie;
Son doux parfum révèle ses attraits.

Le lis, l'honneur de la vallée,
Nous charme par sa pureté;
Il est, ô Vierge immaculée,

L'image de votre beauté :
Embelli des pleurs de l'aurore,
   Il captive nos yeux ;
Vous, ma mère, plus belle encore,
Vous ravissez et la terre et les cieux.

Rose brillante, rends hommage
A celle qu'honorent nos cœurs :
Tu n'es que sa bien faible image ;
Marie est la reine des fleurs !
De ta beauté toute la terre
   Admire les attraits ;
Mais, hélas ! elle est éphémère :
Marie au ciel brille et règne à jamais.

En vain j'essaierais de décrire
Toutes les fleurs de nos jardins ;
Quelle fleur pourrait reproduire
Vos attraits, vos charmes divins ?
Comment peindre, douce Marie,
   L'éclat de vos vertus ?
N'êtes-vous pas, Vierge bénie,
N'êtes-vous pas la mère de Jésus ?

13.

TENTE AZURÉE.

Tente azurée,
Voûte étoilée,
Que d'astres tu fais resplendir !
Que de Marie
Je glorifie
Aussi souvent le souvenir.

Séjour des hommes,
Terre où nous sommes,
Que d'atomes pour te former !
A cette mère,
Aimable et chère,
Plus souvent jurons de l'aimer.

Forêt obscure,
Riche en verdure,
Combien étends-tu de rameaux ?
Que pour sa fête
Ma voix répète
Aussi souvent des chants nouveaux.

Fraîche prairie,
Verte, fleurie,
Combien de brins à ton gazon ?
Je veux, fidèle
A mon saint zèle,
Aussi souvent chanter son nom.

Toi, mer profonde,
Qui ceins le monde,
Combien as-tu de gouttes d'eau?
Ah! sur ma lyre
Je veux redire
Aussi souvent ce nom si beau.

Vie immortelle,
Paix éternelle,
Combien d'heures peux-tu compter?
Plein d'allégresse,
Avec tendresse
Aussi longtemps je veux t'aimer.

14.

JE SUIS L'ENFANT DE MARIE.

Je suis l'enfant de Marie,
  Et ma mère chérie
  Me bénit chaque jour.
Je suis l'enfant de Marie;
C'est le cri de mon cœur, c'est mon refrain d'amour!

  Qu'il est heureux, ô tendre mère,
  Celui qui t'a donné son cœur!
  Est-il un état sur la terre
  Qui puisse égaler son bonheur?
    Je suis, etc.

  Emblème de sa douce vie,
  Le lis grandit dans le vallon;
  Jamais sa tige n'est flétrie
  Par le souffle de l'aquilon.
    Je suis, etc.

  Et quand l'astre du jour dévore
  La plaine de ses feux ardents,
  Pour lui naissent à chaque aurore

Les fleurs charmantes du printemps.
  Je suis, etc.

O vous que la douleur oppresse,
Venez implorer sa bonté;
Vous trouverez dans sa tendresse
Le calme et la félicité.
  Je suis, etc.

Que craindrait l'enfant de Marie?
Sa mère est la Reine des cieux,
Et du cœur humble qui la prie
Elle aime à bénir tous les vœux.
  Je suis, etc.

Sur lui, comme une onde limpide,
La grâce descend à longs flots;
A l'ombre de sa douce égide
Toujours il trouve le repos.
  Je suis, etc.

Près de toi, Vierge tutélaire,
Ainsi couleront tous mes jours;
Des noirs chagrins la coupe amère
Jamais n'en troublera le cours.
  Je suis, etc.

Quand viendra le soir de ma vie,
Dans tes bras prenant mon essor,

En m'envolant vers ma patrie
Je veux, je veux chanter encor :
  Je suis, etc.

Quel bonheur pour toi, tendre mère,
De couronner mon front vainqueur!
Pour ton enfant, Vierge si chère,
De te voir toujours quel bonheur!
  Je suis heureux, etc.

15.

SOUVENEZ-VOUS.

Souvenez-vous, Marie, ô tendre mère,
Que mille fois je vous donnai mon cœur;
Vous le savez, votre enfant sur la terre
N'a qu'un désir : votre amour, votre honneur.
Accueillez donc, ô Vierge tutélaire,
Accueillez et mes vœux et mes chants de bonheur.

    A Marie,
    Si chérie,
  J'ai donné mon amour;
    Je veux plaire
    A ma mère
  Et l'aimer sans retour.

Souvenez-vous que dès ma tendre enfance
Ma mère vint vous offrir mon berceau;
De ce moment, ah! gardez souvenance!
Il fut pour moi si glorieux, si beau :
Ce don sacré de la reconnaissance,
Heureux, je viens aussi vous l'offrir de nouveau.
   A Marie, etc.

Souvenez-vous de ce jour d'allégresse
Où mon Sauveur, Jésus, le Roi des rois,
D'un pauvre enfant oubliant la bassesse,
Vint en mon cœur pour la première fois :
Ivre d'amour, je vous fis la promesse
De toujours le chérir, docile à votre voix!
   A Marie, etc.

Souvenez-vous, ô ma mère chérie,
Que votre enfant est bien faible sans vous!
Du haut des cieux, sainte Vierge Marie,
Soutenez-moi de vos regards si doux;
Guidez mes pas au sentier de la vie,
Et de mes ennemis écartez tous les coups.
   A Marie, etc.

Souvenez-vous, ô Vierge en qui j'espère,
Du plus ardent, du plus cher de mes vœux;
Pour un enfant c'est le cœur de sa mère

Qui des trésors est le plus précieux :
Ah ! daignez donc au ciel et sur la terre
ar votre tendre amour toujours me rendre heu-
A Marie, etc. [reux.

16.

L'AUTEL DE MARIE.

Ici m'amène
  Votre amour,
    O Reine (*bis.*)
Du divin séjour.
  Mère chérie
    Du Sauveur,
      Marie, (*bis.*)
Recevez mon cœur. (*bis.*)

Dans cette enceinte
  Je prierai ;
    Sans crainte (*bis.*)
J'y reposerai.
    Mère chérie, etc.

Quelle tendresse !
  Votre cœur

Sans cesse (*bis.*)
S'ouvre à tout pécheur.
Mère chérie, etc.

C'est un asile
Où toujours
Tranquille (*bis.*)
Je coule mes jours.
Mère chérie, etc.

C'est là que l'âme
Sans ferveur
S'enflamme (*bis.*)
D'une sainte ardeur.
Mère chérie, etc.

Avec la Reine
Des élus
Sans peine (*bis.*)
Je trouve Jésus.
Mère chérie, etc.

Je vous confie
Pour jamais
Ma vie (*bis.*)
Et mes intérêts.
Mère chérie, etc.

Domptez l'audace
De Satan ;
De grâce,   (*bis.*)
Sauvez votre enfant.
Mère chérie, etc.

Ah ! sous votre aile
Rendez-moi
Fidèle   (*bis.*)
A mon divin Roi.
Mère chérie, etc.

17.

LE CHANT DU SOIR.

O Marie, un profond silence
Enfin succède au bruit du jour ;
Conduits par la reconnaissance,
Nous venons t'offrir notre amour.   (*bis.*)

Avec respect, ô tendre mère,
Souveraine auguste du ciel,
Tes enfants dans ce sanctuaire
Se courbent devant ton autel.   (*bis.*)

Nous avons tressé ta couronne
Des plus riches dons du printemps ;
Tu vois briller devant ton trône
Ces lis de blancheur éclatants.   (*bis.*)

Pour toi nouvellement éclose
Aux feux étincelants du jour,
Par son vif éclat cette rose
Te peint l'ardeur de notre amour.   (*bis.*)

Les cœurs où règne l'innocence
Sont pour toi les plus belles fleurs,
Et sur eux avec complaisance
Tu répands tes douces faveurs.   (*bis.*)

Entre ses bras la tendre mère
Te présente son jeune enfant ;
Écoute, ô Vierge tutélaire,
De son cœur le souhait touchant.   (*bis.*)

Elle dit : O toi que j'honore,
Mon enfant t'aimera toujours :
Il est encore à son aurore ;
Pour lui fais briller d'heureux jours !   (*bis.*)

Mais déjà, vierge bienheureuse,
L'ombre s'incline sur nos champs ;

Déjà la nuit silencieuse
Vient mettre fin à nos accents.　　　*(bis.)*

Nous quittons cette aimable enceinte,
Et nous regagnons nos foyers ;
Cependant, Vierge toute sainte,
Nos cœurs resteront à tes pieds.　　　*(bis.)*

Et quand aux regards de l'aurore
S'ouvriront de nouvelles fleurs,
A l'envi nous viendrons encore
Te les offrir avec nos cœurs.　　　*(bis.)*

18.

LES PÈLERINS.

Sainte Vierge Marie,
Patronne de ces lieux,
Que votre main chérie
Daigne bénir nos vœux !
Pour visiter ce sanctuaire
Nous avons devancé le jour.
Jetez sur nous un regard salutaire,
Et par vos dons couronnez notre amour.
Des pèlerins,

Auguste mère,
Accueillez la prière,
La prière et les refrains
Des pèlerins.   (*bis.*)

Sous le tendre feuillage
Qui pare nos coteaux,
Les chantres du bocage
Raniment les échos.
Tout l'univers, ô douce Reine,
Partage nos pieux transports.
Et vos enfants de la rive lointaine
Viennent heureux vous offrir leurs accords.
Des pèlerins, etc.

Déjà le sanctuaire
A redit nos serments;
Toujours, ô tendre mère,
Nous serons vos enfants.
L'enfer en vain dans sa furie
Nous livre de cruels combats;
Que pourrait-il contre nous, ô Marie?
Toujours, toujours vous protégez nos pas.
Des pèlerins, etc.

C'est vous qu'en la tourmente
Les pauvres matelots,

D'une voix suppliante,
Implorent dans leurs maux.
Passagers sur la mer du monde,
Nous errons battus par les vents :
Que votre main, ô Vierge, nous seconde;
Assistez-nous de vos soins bienveillants.
Des pèlerins, etc.

Loin de ce doux asile,
Vierge de bon secours,
Notre barque fragile
Va poursuivre son cours ;
Conduisez-nous vers le rivage
Qu'appellent nos cœurs et nos vœux;
Quand finira notre pèlerinage,
Vierge, daignez nous guider vers les cieux.
Des pèlerins, etc.

19.

NOTRE PATRONNE.

Marie! elle est notre patronne,
Des chrétiens le puissant secours ;
Marie! elle est pour nous si bonne :
Jurons, jurons de l'aimer toujours !...

C'est elle qui, dès notre aurore,
Nous adopta pour ses enfants ;
Elle qui nous protége encore,
Tendre mère, à tous nos instants !.....
Marie, etc.

C'est ta bonté, c'est ta puissance
Qui préserva nos jeunes ans
Des dangers que notre innocence
Rencontrait à tous les instants.
Marie, etc.

Et quand au sentier de la vie
Nous avons avancé d'un pas,
Dans la foule au monde asservie,
Vierge, ne nous soutins-tu pas ?
Marie, etc.

Marie au pécheur qui l'offense
Obtient la grâce et le pardon ;
Et du pauvre dans l'indigence
Elle console l'abandon.
Marie, etc.

Elle est fidèle à sa tendresse ;
Sa main me bénit chaque jour,
Et moi, fidèle à ma promesse,
Je lui redis : Amour ! amour !
Marie, etc.

Pauvre exilé sur cette terre,
Je sais un charme à mes douleurs;
Je lève les yeux vers ma mère,
Et la paix renaît dans mon cœur.
Marie, etc.

Aux biens trompeurs de cette vie
Bientôt il faudra dire adieu.
Vierge, soutiens mon agonie,
Et conduis mon âme vers Dieu.
Marie, etc.

20.

JE NE CRAINS RIEN SOUS L'AILE DE MARIE.

L'enfant près de sa tendre mère
Goûte les charmes du bonheur,
Déjà d'un avenir prospère
L'espérance berce son cœur.
Auprès de toi, Vierge chérie,
Je vois plus doux couler mes jours :
Je ne crains rien sous l'aile de Marie;
Elle est ma mère, et me garde toujours!

Lorsque tout cède dans la plaine
Au souffle impétueux des vents,
L'arbuste, à l'abri du vieux chêne,
Brave la rage des autans.
Auprès de toi, Vierge chérie,
Je vois plus doux couler mes jours;
Je ne crains rien sous l'aile de Marie;
Elle est ma mère, et me garde toujours!

Quand le pilote après l'orage
Revoit l'aurore d'un beau jour,
Bientôt la crainte du naufrage
Cède à l'espoir d'un prompt retour.
Auprès de toi, Vierge chérie,
Je vois en paix couler mes jours:
Je ne crains rien sous l'aile de Marie;
Elle est ma mère, et me garde toujours!

Près du berger l'agneau timide
Grandit sans crainte de malheur,
Et près de la source limpide
Vient reposer le voyageur.
Auprès de toi, Vierge chérie,
Je vois en paix couler mes jours:
Je ne crains rien sous l'aile de Marie;
Elle est ma mère, et me garde toujours!

L'exilé de sa triste vie
Compte les instants malheureux;
Au souvenir de sa patrie
Des pleurs amers mouillent ses yeux.
Auprès de toi, Vierge chérie,
Je vois heureux couler mes jours:
Je ne crains rien sous l'aile de Marie;
Elle est ma mère, et me garde toujours!

24.

L'ORPHELIN A MARIE.

Déja tout renaît à la vie
Au doux aspect des plus beaux jours;
Mais pour moi du bonheur la source s'est tarie;
Hélas! bien jeune encor je languis sans secours.
Reine aimable des cieux, dans votre sanctuaire
Souvent vous m'avez vu vous présenter des fleurs:
Alors j'étais heureux; mais je n'ai plus de mère,
Et je verse des pleurs!
Je viens à vous, tendre Marie;
Soutenez-moi de votre main;
Ayez pitié, mère chérie,
Du pauvre petit orphelin.

Il m'en souvient, lorsque mon père
 Eut rendu le dernier soupir,
Ma mère à votre autel vous dit en sa prière
De toujours me garder, de toujours me bénir;
Et s'adressant à moi : Mon enfant, me dit-elle,
Implore dans tes maux la mère de Jésus.
Daignez donc m'écouter, ô patronne fidèle;
 Car ma mère n'est plus.
 Je viens à vous, etc.

 Elle n'est plus!... la mort cruelle,
 Insensible à mes vœux ardents,
A frappé sans pitié, et, lorsque je l'appelle,
Ma mère n'entend plus mes pénibles accents.
Au sein de la douleur se consume ma vie;
Personne n'a pitié du petit malheureux;
Je tends la main au riche, et quand je le supplie
 Il détourne les yeux!
 Je viens à vous, etc.

 O Vierge pleine de tendresse,
 Je viens me jeter dans vos bras;
Vous voyez mon malheur, vous voyez ma faiblesse;
Des piéges des méchants gardez, gardez mes pas!
Je suis si jeune encor; Vierge, soyez ma mère:
Je vous donne mon cœur; qu'il demeure innocent.

Ah! ne repoussez pas mon ardente prière :
 Que je sois votre enfant!
 Je viens à vous, etc.

22.

AU MILIEU DES COMBATS.

Marie, ô tendre mère,
En ta bonté j'espère;
O Vierge mon bonheur,
Toujours garde mon cœur.
Tu connais sa faiblesse;
J'implore ta tendresse;
Au milieu des combats
Ne m'abandonne pas !

Toujours, sainte patronne,
Pour moi tu fus si bonne!
Tu gardas mon berceau;
Daigne jusqu'au tombeau
Me couvrir de ton aile;
Que ta main maternelle
Au milieu des combats
Ne m'abandonne pas !

Loin de sa tendre mère,
Sans appui sur la terre,
Malheureux. impuissant,
Gémit ton faible enfant.
Tu vois couler mes larmes ;
Tu connais mes alarmes :
Au milieu des combats
Ne m'abandonne pas !

Vierge mon espérance,
Toute ma confiance
Repose en tes bienfaits :
Brise donc tous les traits
De l'enfer, qui sans cesse
Me poursuit et me presse ;
Au milieu des combats
Ne m'abandonne pas !

Toi dont la main chérie
Écarte de la vie
Les maux et les douleurs,
Toi qui sèche les pleurs
Et soulages les peines
Du captif dans les chaînes,
Au milieu des combats
Ne m'abandonne pas !

Que mon cœur te chérisse;
Que ma voix te bénisse;
Que je te voie un jour
Dans l'éternel séjour!
A mon heure dernière
Viens fermer ma paupière;
Au milieu des combats
Ne m'abandonne pas!

23.

O CŒUR DE NOTRE AIMABLE MÈRE!

O cœur de notre aimable mère,
En vous repose notre espoir:
Écoutez notre humble prière;
Ouvrez-nous pour nous recevoir.

Pour nous dans la sainte patrie
Implorez le divin Sauveur;
Pour nous, ô saint cœur de Marie,
Soyez l'asile de bonheur.

Sans cesse, hélas! la mer du monde
Menace de nous engloutir.
Contre la tempête qui gronde,

Ah! qui viendra nous secourir!
Pour nous, etc.

Vous à qui les saintes phalanges
Offrent un hommage éclatant,
Ah! vers nous envoyez vos anges;
Qu'ils domptent le cruel Satan!
Pour nous, etc.

Brillez, étoile salutaire;
Nous errons craintifs, abattus:
Que votre céleste lumière
Nous conduise au cœur de Jésus.
Pour nous, etc.

24.

T'AIMER, O MARIE!

T'aimer, ô Marie,
Fait notre bonheur.
O mère chérie,
Ouvre-nous ton cœur,

Vois sur notre tête
L'orage mugir;

Contre la tempête
Viens nous secourir.
T'aimer, etc.

Des nuages sombres
Nous cachent les cieux;
Dissipe les ombres,
Et brille à nos yeux.
T'aimer, etc.

La mer écumante
Nous offre la mort;
Calme la tourmente;
Conduis-nous au port.
T'aimer, etc.

Ta douce lumière,
Astre du matin,
Réjouit la terre,
Rend le ciel serein.
T'aimer, etc.

Le chrétien qui t'aime
Marche à ta splendeur;
Tu l'offres toi-même
Au divin Sauveur.
T'aimer, etc.

25.

AU SECOURS! VIERGE MARIE.

Au secours! Vierge Marie;
Au secours! viens sauver mes jours;
C'est ton enfant qui t'en supplie,
    Vierge Marie,
    Sauve mes jours!
    Vierge Marie,
Au secours! au secours!

O mère pleine de tendresse,
Vers toi les pauvres matelots
Lèvent les yeux dans la détresse,
Et soudain tu calmes les flots.
    Au secours! etc.

Egaré sur la mer du monde,
Mon esquif vogue loin du port:
En écueils elle est si féconde;
Hélas! quel sera donc mon sort?
    Au secours! etc.

Déjà de lugubres nuages
Se déroulent au sein des airs;
Par leur souffle les noirs orages
Ont soulevé les flots amers.
    Au secours! etc.

Le bruit affreux de la tempête
S'approche et gronde avec fureur;
Il mugit, roule sur ma tête;
Mon sang se glace de frayeur!
   Au secours! etc.

Tu le vois, ma frêle nacelle
Est le jouet de l'ouragan;
Marie, étends sur moi ton aile;
Sauve-moi, je suis ton enfant!
   Au secours! etc.

Satan de sa triste victime
N'attend que le dernier soupir;
Je tombe au fond du noir abîme
Si tu ne viens me secourir.
   Au secours! etc.

Il m'en souvient, sainte patronne,
Mille fois tu sauvas mes jours.
N'entends-tu pas? la foudre tonne.
Au secours! Marie, au secours!
   Au secours! etc.

Parais, étoile salutaire;
Chasse les ombres de la mort;
Que ta bienfaisante lumière
Me montre le chemin du port.
   Au secours! etc.

26.

OUVRE TON CŒUR.

Douce Marie,
Vierge bénie,
En ce beau jour,
Mère chérie,
Douce Marie,
Nous te vouons un éternel amour.

Ouvre ton cœur, ô tendre mère,
Aux cœurs heureux de tes enfants;
Dans cet asile tutélaire
Sauve à jamais leurs jeunes ans.
Douce Marie, etc.

Près de toi nous aurons l'ombrage
Des lis qui brillent dans ta main,
Et nous verrons toujours l'orage
S'évanouir dans le lointain.
Douce Marie, etc.

Nos cœurs vont, ô Vierge fidèle,
Voler dans le sentier du bien;
Jésus sera notre modèle,
Et ton regard notre soutien.
Douce Marie, etc.

Montre-toi toujours notre mère;
Nous serons toujours tes enfants.
O doux Jésus, aimable frère,
Bénissez nos tendres serments.
Douce Marie,

27.

NOUS NE T'OUBLIERONS JAMAIS.

Vois à tes pieds, Vierge Marie,
Les enfants sur qui chaque jour
S'épanchent de ta main bénie
Les trésors du divin amour.

Tous heureux dans ton sanctuaire
Nous revenons célébrer tes bienfaits :
Crois-en nos cœurs, auguste et tendre mère;
Nous ne t'oublirons jamais,
Non, non (*ter*), jamais! (*ter*)

Le monde de sa folle ivresse
En vain nous offre les douceurs;
Loin de sa coupe enchanteresse
Une mère garde nos cœurs.
Tous heureux, etc.

Cent fois, planant sur notre tête,
La foudre a menacé nos jours ;
Quand gronde la noire tempête,
Marie en détourne le cours.
Tous heureux, etc.

Du ciel son regard tutélaire
Sur nous repose avec douceur ;
L'encens de notre humble prière
Attire ses dons, sa faveur.
Tous heureux, etc.

L'enfer en vain frémit de rage
Et contre nous lance ses traits ;
Marie aide notre courage ;
Nous ne succomberons jamais.
Tous heureux, etc.

Vierge notre douce espérance,
Nous t'en prions, guide nos pas.
Ta main conduisit notre enfance ;
Protége-nous dans les combats.
Tous heureux, etc.

A tes bontés toujours fidèle,
Rends nos ennemis impuissants ;
Daigne nous couvrir de ton aile.
Marie, exauce tes enfants.
Tous heureux, etc.

28.

JE VEUX L'AIMER.

Aimer Marie est mon désir;
    Aimer Marie
    Toute la vie,
    Ou bien mourir.

Je veux l'aimer, elle est ma mère;
Son amour réclame le mien;
Son cœur accueille ma prière;
Son bras me guide, est mon soutien;
Et si parfois l'ange rebelle
A mon Jésus veut m'arracher,
Aussitôt la Vierge fidèle
Ouvre son cœur pour m'y cacher.
Aimer Marie, etc.

Je veux l'aimer, elle est ma mère;
Hélas! je l'ai fait tant souffrir!
J'ai dressé la croix du Calvaire...
Que l'amour soit mon repentir!
Oui, pardonnez à ma faiblesse
Les crimes commis contre vous,

Et recevez avec tendresse
L'ingrat qui pleure à vos genoux.
Aimer Marie, etc.

Je veux l'aimer, elle est ma mère,
Si grande et si bonne à la fois ;
Son visage n'est point sévère,
Et rien n'est plus doux que sa voix.
Pourrais-je ne pas aimer celle
Que tout le monde aime en tout lieu ?
Elle est si pure, elle est si belle,
Qu'elle a charmé le cœur de Dieu.
Aimer Marie, etc.

Je veux l'aimer, elle est ma mère,
Et me le prouve chaque jour
En prodiguant à ma misère
Tous les trésors de son amour.
Ah ! plutôt que mon cœur oublie
De l'aimer et de la bénir,
O Jésus, je vous en supplie,
Faites-moi, faites-moi mourir !
Aimer Marie, etc.

Je veux l'aimer, elle est ma mère :
Son nom fait palpiter mon cœur,
Et l'unique soin de lui plaire
Fait ici-bas tout mon bonheur.

Oui, je veux, ô Vierge bénie,
Vous aimer jusqu'au dernier jour,
Et dans tout le cours de ma vie
Ne point connaître d'autre amour.
Aimer Marie, etc.

29.

MARIE, MÈRE DE DOULEUR.

Chrétiens, qui des maux de la vie
Éprouvez toutes les rigueurs,
Venez à l'autel de Marie;
A ses larmes mêlez vos pleurs.

Ne redoutez plus du Calvaire
Les opprobres ni les tourments;
Suivez les pas de votre mère,
O vous du moins ses amis, ses enfants.

Avez-vous d'un monde infidèle
Perdu les biens et les faveurs,
Que Jésus soit votre modèle;
A Marie offrez vos douleurs!
Ne redoutez, etc.

Si, dans votre tristesse amère,
Vous pleurez un fils qui n'est plus;
Approchez aussi, pauvre mère;
Voyez la Mère de Jésus!
Ne redoutez, etc.

Vous qui portez de la misère
Le fardeau si pesant pour vous,
Dites-vous : La divine Mère
Souffrit encor bien plus que nous.
Ne redoutez, etc.

De cette Vierge inconsolable
Des traits aigus percent le cœur;
Et chaque jour l'homme coupable
Renouvelle encor sa douleur.
Ne redoutez, etc.

30.

NE SUIS-JE DONC PLUS VOTRE MÈRE?

Encore au printemps de votre âge,
Vous m'avez consacré vos cœurs;
A m'offrir ainsi votre hommage
Vous éprouviez tant de douceurs.

Ah! pour moi douleur trop amère!
Vous avez trahi vos serments.
Ne suis-je donc plus votre mère,
Et n'êtes-vous plus mes enfants?

Longtemps d'être enfants de Marie
Vous avez brigué la faveur;
Vous me disiez : Mère chérie,
Recevez-nous dans votre cœur;
Et sous mon aile tutélaire
Vous ne couleriez plus vos ans!
Ne suis-je donc plus votre mère,
Et n'êtes-vous plus mes enfants?

Vous m'aviez avec confiance
Remis en main vos intérêts :
Ai-je trompé votre espérance?
Quels peuvent être vos regrets?
Pour vous de plus que puis-je faire?
Pourquoi violer vos serments?
Ne suis-je donc plus votre mère,
Et n'êtes-vous plus mes enfants?

Un monde impur pour vous séduire
Vous a fait entendre sa voix,
Et vous, ô funeste délire!
Vous avez embrassé ses lois.

Quoi ! pour un plaisir éphémère
Vous avez trahi vos serments !
Ne suis-je donc plus votre mère,
Et n'êtes-vous plus mes enfants ?

Quand la passion vous inspire
D'outrager votre Rédempteur,
Vous renouvelez mon martyre;
Car le péché perce son cœur.
N'ai-je donc pas sur le Calvaire
Assez enduré de tourments ?
Ne suis-je donc plus votre mère,
Et n'êtes-vous plus mes enfants?

Moi qui de l'amour le plus tendre
Ressentais pour vous les ardeurs,
Répondez, devais-je m'attendre
A vous voir me ravir vos cœurs?
Quand le séraphin me révère,
Vous me refusez votre encens !
Ne suis-je donc plus votre mère,
Et n'êtes-vous plus mes enfants?

Cependant je vous aime encore,
Et sans cesse en votre faveur
Au céleste séjour j'implore
Mon divin fils, votre Sauveur.

Je retiens sa juste colère :
Ne différez pas plus longtemps :
Moi, toujours je suis votre mère ;
Vous, soyez toujours mes enfants.

Pauvres enfants, je vous pardonne ;
Si longtemps vous fûtes ingrats,
Approchez enfin de mon trône ;
Venez vous jeter dans mes bras :
Pour calmer ma douleur amère,
Redites vos pieux serments.
Je serai toujours votre mère ;
Vous, soyez toujours mes enfants.

C'en est fait, ô tendre Marie,
Nous voulons calmer vos douleurs,
Et nous venons, l'âme attendrie,
A vos pieds pleurer nos erreurs.
Sensible à notre humble prière,
Accueillez nos cœurs repentants ;
Ah ! soyez toujours notre mère ;
Nous serons toujours vos enfants !

31.

SOUPIRS DU PÉCHEUR.

O douleur amère et profonde!
J'ai méprisé le Roi des cieux.
Il m'aimait; j'ai suivi le monde :
Pour jamais je suis malheureux!
  Vierge Marie, *(bis.)*
Refuge assuré du malheur,
Écoutez la voix qui vous prie;
  Vierge Marie, *(bis.)*
Écoutez la voix du pécheur !

Le souffle empoisonné du vice
A flétri mes plus jeunes ans ;
Sur moi jetez un œil propice ;
J'implore vos soins bienveillants.
  Vierge Marie, etc.

De mes péchés la triste chaîne
Sans fin se déroule à mes yeux;
Je cède à son poids qui m'entraîne ;
Soutenez-moi, Reine des cieux!
  Vierge Marie, etc.

La profondeur des noirs abîmes
Semble s'entr'ouvrir sous mes pas :
Le Seigneur a vu tous mes crimes ;
Sur moi déjà pèse son bras.
      Vierge Marie, etc.

Sans cesse à mes regards coupables
Étincelle un glaive vengeur ;
J'entends les arrêts formidables
Qui vont consommer mon malheur !
      Vierge Marie, etc.

En vous jamais de l'innocence
Le péché ne ternit la fleur :
J'ai recours à votre clémence ;
Détournez les coups du Seigneur !
      Vierge Marie, etc.

Voyez mes pleurs et mes alarmes ;
Voyez mon déplorable sort :
Laissez-vous toucher par mes larmes ;
Venez, sauvez-moi de la mort.
      Vierge Marie, etc.

Ayez pitié de ma misère ;
En ma faveur priez Jésus ;

De votre fils, auguste Mère,
Pourriez-vous avoir un refus ?
Vierge Marie, etc.

Quand l'arc-en-ciel après l'orage
Soudain reparaît dans les cieux,
C'est, ô ma mère, votre image ;
Il répand la joie en tous lieux.
Vierge Marie, etc.

J'ai prononcé le nom de mère ;
Je le sens, mes maux vont finir :
Mon juge est devenu mon père ;
Il accueille mon repentir.
Vierge Marie, etc.

Vierge sainte, soyez bénie ;
Mon âme a retrouvé la paix ;
Mais je suis si faible ! Marie,
Ah ! ne m'abandonnez jamais !
Vierge Marie, etc.

32.

VIENS, PAUVRE ENFANT.

Reviens, pécheur, à l'autel de ta mère ;
Gémis enfin de tes égarements :
Tu fus ingrat, mais que ton cœur espère ;
Prête l'oreille à ses tendres accents.
N'entends-tu pas ? sa douce voix t'appelle.
Infortuné, ne crains pas sa rigueur ;
Marie encore est la Vierge fidèle :
Viens, sa bonté te rendra le bonheur !

Viens, pauvre enfant, prends pitié de ta mère ;
Console-la de ses longues douleurs !
Je t'aime encore, écoute ma prière ;
Viens, pauvre enfant, viens essuyer mes pleurs !

Sur toi sa main s'ouvrit dès ton enfance,
Et ne cessa jamais de te bénir ;
Dans son amour, dans la paix, l'innocence,
Heureuse mère, elle te vit grandir.
Hélas ! depuis ton cœur devint rebelle ;
Infortuné, tu méprises sa loi !

Reviens, reviens à la Vierge fidèle,
Et ses faveurs reposeront sur toi.
Viens, pauvre enfant, etc.

Pécheur ingrat, vers l'effroyable abîme
Que ta folie a creusé sous tes pas,
De tes penchants trop coupable victime,
Tu vas subir les horreurs du trépas.
Les jours ont fui ; ton âme criminelle,
Infortuné, languit loin du repos !
Viens à Marie ; elle est toujours fidèle ;
Son tendre amour terminera tes maux.
Viens, pauvre enfant, etc.

Ah ! souviens-toi de ce jour d'allégresse
Où tu promis de l'aimer à jamais ;
Le Ciel reçut et bénit ta promesse ;
Il exauça tes vœux les plus secrets.
Ah ! si depuis ton cœur s'éloigna d'elle,
Infortuné, si tu devins pécheur,
A son amour elle est encor fidèle ;
Son cœur gémit de ta funeste erreur !
Viens, pauvre enfant, etc.

Que tardes-tu ? Les larmes, la prière
Ne peuvent donc te gagner, te fléchir ?

Ah! du Seigneur redoute la colère;
Son bras déjà s'arme pour te punir.
Rougis enfin d'avoir été rebelle;
Infortuné, reconnais ton erreur;
Reviens, reviens à la Vierge fidèle;
Viens au plus tôt te jeter dans son cœur.
Viens, pauvre enfant, etc.

33.

RETOUR DU PÉCHEUR.

Ah! qu'il est doux pour le cœur d'une mère
L'instant heureux où, vainqueur du trépas,
Son fils revient de la rive étrangère
Avec transport se jeter en ses bras!
Pour elle enfin ont cessé les alarmes;
Elle respire après tant de douleurs;
Si de ses yeux coulent encor des larmes,
   Ce sont des larmes de bonheur.

   A tes pieds, Vierge Marie,
   Reconnais-tu ton enfant?
   Il déplore sa folie;
   Il pleure son égarement.

Pardon, mère chérie,
Pardon (*bis*) à ton enfant!

Longtemps, hélas! à ta voix infidèle,
Je ne suivis qu'un monde séducteur,
Et je laissai ma fragile nacelle
Voguer au gré des penchants de mon cœur.
Sur cette mer, ballotté par l'orage,
Mon frêle esquif longtemps ne put tenir;
Mais, ô bonheur! j'atteignais le rivage
    Quand la vague vint l'engloutir.
       A tes pieds, etc.

Dans mon malheur, la tour du sanctuaire
A mes regards se présente soudain :
J'espère alors voir finir ma misère,
Et l'espérance adoucit mon chagrin.
Le souvenir de ma mère chérie
Vint de mon cœur dissiper tous les maux;
En prononçant le saint nom de Marie
    Je sentis naître le repos.
       A tes pieds, etc.

Bientôt, cédant à la reconnaissance,
Vers ton autel je dirigeai mes pas.
C'est ta bonté qui me rend l'espérance;
En ce moment ne me repousse pas.

Je suis pécheur, il est vrai, tendre mère ;
J'ai méprisé tes larmes, ton amour :
Mais, tu le vois, ma douleur est sincère ;
Accueille et soutiens mon retour.
A tes pieds, etc.

34.

JE SUIS LA BERGÈRE FIDÈLE.

Je suis la bergère fidèle,
La Mère du divin pasteur ;
Agneaux chéris, sous ma tutelle
Vous trouverez le vrai bonheur.
La bergère fidèle
Vous appelle ;
Agneaux chéris, l'entendez-vous ?
Venez, venez près d'elle :
Agneaux chéris, venez tous.

Divine bergère,
Recevez notre cœur ;
Ah ! soyez notre mère,
O Mère du bon Pasteur !

Venez, venez, de ma tendresse
Vous goûterez tous les bienfaits :

Suivez mes pas, et la tristesse
N'altèrera plus votre paix!
   La bergère fidèle
     Vous appelle;
Agneaux chéris, l'entendez-vous?
   Venez, venez près d'elle;
   Agneaux chéris, venez tous!
   Divine bergère, etc.

A l'horizon d'épais nuages
Se déroulent au sein des airs;
La foudre gronde, et des orages
Brillent les terribles éclairs.
   La bergère fidèle
     Vous appelle;
Agneaux chéris; l'entendez-vous?
   Venez, venez près d'elle;
   Agneaux chéris, venez tous!
   Divine bergère, etc.

Ne craignez plus la dent cruelle
Du loup perfide et ravisseur:
Vivez en paix sous ma tutelle;
Loin de vous fuira le malheur.
   La bergère fidèle
     Vous appelle;

Agneaux chéris, l'entendez-vous ?
   Venez, venez près d'elle ;
  Agneaux chéris, venez tous !
    Divine bergère, etc.

Venez ; sur la rive fleurie
Ma main guidera tous vos pas,
Et de la riante prairie
Vous goûterez les doux appas.
   La bergère fidèle
     Vous appelle ;
Agneaux chéris, l'entendez-vous ?
   Venez, venez près d'elle ;
  Agneaux chéris, venez tous !
    Divine bergère, etc.

Pour vous de la claire fontaine
Couleront les limpides eaux ;
L'ombre tutélaire du chêne
Vous couvrira, tendres agneaux.
   La bergère fidèle
     Vous appelle ;
Agneaux chéris, l'entendez-vous ?
   Venez, venez près d'elle ;
  Agneaux chéris, venez tous !
    Divine bergère, etc.

Sous la houlette de Marie,
Chers agneaux, vous serez heureux;
Et pour vous, au soir de la vie,
S'ouvrira le bercail des cieux.
 La bergère fidèle
  Vous appelle;
Agneaux chéris, l'entendez-vous?
 Venez, venez près d'elle;
 Agneaux chéris, venez tous!
  Divine bergère, etc.

35.

TENDRE MÈRE.

Douce Reine, Vierge Marie,
Mon premier cantique est pour vous;
Je me prosterne à vos genoux:
Écoutez-moi, mère chérie.
Tendre mère, prenez nos âmes;
Nous les offrons avec bonheur.
Aimez-les de pures flammes,
Donnez-les toutes au Seigneur.
Douce Reine, etc.

La foule qui passe légère
Sourit peut-être à nos accents;
Mais combien la paix de nos chants
Vaut mieux que sa joie éphémère!
Douce Reine, etc.

Marie, ô nom si doux, si tendre,
Nos cœurs purs et simples encor
Ne sont-ils pas votre trésor?
Pourriez-vous ne pas les défendre?
Douce Reine, etc.

Quand le calme est notre partage,
Qu'un ciel d'azur brille sur nous,
Marie, ô c'est encore vous
Dont nous rèvons la douce image.
Douce Reine, etc.

Quel ange au pur regard de flamme,
Quel séraphin aux ailes d'or
Ne donnerait sa gloire encor
Pour un des rayons de votre âme?
Douce Reine, etc.

Vous nous aimez, douce patronne:
Le bonheur est dans votre amour,

Nous le sentons en ce beau jour,
Déjà nos cœurs sont votre trône.
Douce Reine, etc.

36.

TON FILS REPOSE DANS NOTRE AME.

Ton fils repose dans notre âme,
Glorieuse Reine du ciel;
Pour toi d'amour il nous enflamme;
Il nous conduit lui-même au pied de ton autel.

A Jésus, ô tendre Marie,
Offre l'hommage de nos cœurs;
Daigne encore, ô mère chérie,
A tes enfants prodiguer tes faveurs.

Permets qu'en tes mains maternelles
Nous déposions nos vœux nouveaux:
A nos serments rends-nous fidèles,
Et toi-même soutiens de fragiles roseaux.
A Jésus, etc.

Toi qui fis toujours nos délices,
Sur nous toujours du haut du ciel

Étends tes ailes protectrices,
Et cache tes enfants dans ton cœur maternel.
    A Jésus, etc.

Dans le printemps, à chaque aurore
Le lis s'embellit de fraîcheur :
Chaque jour l'enfant qui t'honore
Sous tes yeux brille aussi d'une aimable candeur.
    A Jésus, etc.

T'aimer, te chérir sans partage
Fera toujours notre bonheur :
Ton amour, Reine du jeune âge,
Jusqu'au dernier soupir croîtra dans notre cœur.
    A Jésus, etc.

Du monde la mer orageuse
Nous présente partout la mort :
Ah! daigne, étoile radieuse,
Diriger notre course et nous conduire au port !
    A Jésus, etc.

37.

NOUS T'OUBLIER, MÈRE CHÉRIE?

Comblés de tes douces faveurs,
Dans le transport qui nous entraîne,
A ton cœur, ô divine Reine,
Nous venons consacrer nos cœurs.
Toujours vivra dans notre âme attendrie
Le souvenir de tes touchants bienfaits.
Nous t'oublier, mère chérie?
Non, non, jamais!

Le ciel est sombre, et chaque jour
Sur nos têtes l'orage gronde;
Contre nous murmure le monde;
Il veut te ravir notre amour.
Mais de l'enfer nous bravons la furie;
Dans notre cœur tu fais régner la paix.
Nous t'oublier, etc.

Partout des piéges séducteurs
Sont tendus à notre innocence;
Par une coupable inconstance
Irions-nous nous joindre aux pécheurs?

Non! l'innocence, ô divine Marie,
Pour nous toujours aura de doux attraits.
   Nous t'oublier, etc.

Dans le noir sentier de l'erreur
Le faux chrétien marche sans guide :
Hélas! d'un glaive parricide
Le cruel transperce ton cœur!
A ses plaisirs en vain il nous convie,
Et notre cœur abhorre ses forfaits.
   Nous t'oublier, etc.

A tes lois, Mère du Sauveur,
Si nous sommes toujours fidèles,
Au sein des clartés immortelles
Nous contemplerons ta splendeur.
Ce doux espoir de notre âme ravie
Fait le bonheur et lui donne la paix.
   Nous t'oublier, etc.

Heureux le jour où tes enfants,
Inclinés au pied de ton trône,
Verront l'immortelle couronne
Briller sur leurs fronts triomphants !
Oh! quel bonheur pour eux dans la patrie
De te bénir, de chanter tes bienfaits!
   Nous t'oublier, etc.

38.

VOUS ÊTES NOTRE ESPÉRANCE.

Du haut des cieux, Vierge Marie,
Prêtez l'oreille à nos accents.
Exilés loin de la patrie,
Vers vous soupirent vos enfants.

   Vous êtes notre espérance,
     Et, pleins de confiance,
   Nous levons les yeux vers vous :
    Vous êtes notre espérance;
      Bénissez-nous (*bis*).

Votre nom seul, auguste mère,
Est un parfum délicieux;
Il nous console sur la terre;
Il ravit les anges des cieux.
   Vous êtes, etc.

Ses charmes, sa vertu puissante
Dans l'âme rappellent l'espoir;
Telle voit-on la fleur mourante
Renaître à la brise du soir.
   Vous êtes, etc.

L'enfant guidé par sa tendresse
Sur votre autel offre des fleurs;
Dans les transports de l'allégresse,
Il redit vos douces faveurs.
    Vous êtes, etc.

L'orphelin vous nomme sa mère,
Il implore votre secours;
Vous souriez à sa prière,
Votre main le bénit toujours.
    Vous êtes, etc.

Le prisonnier chargé de chaines,
Vierge, vers vous lève ses fers :
Vous soulagez toutes ses peines,
Vous guérissez ses maux amers.
    Vous êtes, etc.

Vos enfants sur la mer du monde
Bravent les écueils de la mort;
Votre main partout les seconde,
Et les dirige vers le port.
    Vous êtes, etc.

En vain sur eux Satan s'élance;
Que peut contre nous sa fureur?

Terrassé par votre puissance,
Bientôt il tombe au feu vengeur.
Vous êtes, etc.

39.

A NOTRE-DAME AUXILIATRICE.

Chrétiens qui combattons aujourd'hui sur la terre,
Souvenons-nous toujours au milieu du danger,
Souvenons-nous qu'au ciel nous avons une mère
Dont le bras tout-puissant saura nous protéger.

Notre-Dame de la Victoire
De l'enfer triomphe en ce jour;
Encore un chant de gloire,
Encore un chant d'amour.

Plaçons en elle seule une ferme espérance;
Que nos cœurs dévoués l'aiment jusqu'au trépas,
Et que de notre sein son nom béni s'élance
Pour nous rallier tous au plus fort des combats.
Notre-Dame, etc.

C'est la tour de David, inexpugnable asile,
Qui du démon jaloux brave tous les assauts;

C'est l'arche défiant, dans sa marche tranquille,
Et la fureur des vents et la rage des flots.
    Notre-Dame, etc.

Dans les temps où l'erreur dominait sur le monde,
Quand l'Église luttait contre tous les tyrans,
Vous priiez, ô Marie, et la grâce féconde
Enfantait chaque jour de nouveaux combattants.
    Notre-Dame, etc.

Plus tard, si l'hérésie arbore sa bannière,
Si l'antique serpent soudain s'est redressé,
Vierge, vous paraissez... Satan dans la poussière
Sous votre pied vainqueur se débat terrassé.
    Notre-Dame, etc.

O Vierge immaculée et mille fois bénie,
Ajoutez à vos dons un don plus précieux :
Faites qu'après le cours d'une pieuse vie
Et pasteur et troupeau soient reçus dans les cieux.
    Notre-Dame, etc.

Et si le monde encore contre nous se déchaîne,
S'il brave le Très-Haut, s'il outrage ses lois,
Marie, apprenez-nous à mépriser la haine
De tous ces ennemis qui blasphèment la croix.
    Notre-Dame, etc.

Donnez à vos enfants la force et le courage,
Un courage à l'épreuve et du fer et du feu,
Prêts à sacrifier, si la lutte s'engage,
Nos âmes et nos corps en holocauste à Dieu.
    Notre-Dame, etc.

40.

C'EST NOTRE-DAME DE VICTOIRE.

Quel bruit soudain se fait entendre?
 Pourquoi ces pleurs, ces cris d'effroi?
Voudrait-on détrôner la foi,
Et mettre nos autels en cendre?

Eh bien! chrétiens, soyons soldats;
Volons à la mort, à la gloire!
Celle qui nous guide aux combats,
C'est Notre-Dame de Victoire!
Eh bien! etc.

L'enfer nous déclare la guerre;
Mais nous méprisons son courroux :
Une vierge combat pour nous;
Son image est notre bannière.
L'espérance nous tend les bras,
Elle nous appelle à la gloire;

Celle qui dirige nos pas,
C'est Notre-Dame de Victoire.
Eh bien ! etc.

Satan est traître, il est perfide,
Il a causé notre malheur;
Mais serait-il encor vainqueur
Contre notre puissante égide?
Non! celle qui guide nos pas
Toujours nous conduit à la gloire;
Celle qui soutient notre bras,
C'est Notre-Dame de Victoire.
Eh bien! etc.

Sa voix trompeuse, enchanteresse
Nous parle de biens séducteurs;
Le cruel, il offre des fleurs;
Mais il ne donne que tristesse.
Nous, chrétiens, ne l'écoutons pas;
Regardons aux cieux... quelle gloire!
Oui, nous vaincrons tous ses appas
Par Notre-Dame de Victoire.
Eh bien! etc.

Et quand à notre heure dernière,
Envieux de notre bonheur,
Il viendra troubler notre cœur,

Lui présentant la coupe amère,
Chrétiens, en ces derniers combats
Cueillons les palmes de la gloire ;
Sachons mourir entre les bras
De Notre-Dame de Victoire.
Eh bien ! etc.

41.

A NOTRE-DAME DES VICTOIRES.

Faibles mortels, que l'espérance
Calme nos peines, nos douleurs :
Le Ciel sur nous, dans sa clémence,
Verse de nouvelles faveurs ;
D'un nom chéri la douce gloire
Vient d'apparaître à l'univers :
Marie a vaincu les enfers,
Et nous la proclamons Reine de la Victoire.

Toujours, Reine des cieux, oui, toujours à nos
        Ta bannière   [cœurs
        Sera chère,
Et ta main tutélaire
Guidant nos pas vainqueurs,

Notre vie,

O Marie,

Méritera ton amour, tes faveurs.

Relevez-vous, tribus lointaines,

Déplorez enfin votre sort ;

Du démon secouez les chaines,

Sortez des ombres de la mort !

Il s'est levé le jour de gloire ;

Vos soupirs ont fléchi les cieux.

Marie, ô frères malheureux,

Se montrera pour vous Reine de la Victoire.

Toujours, etc.

Et vous esclaves de la terre,

Que séduit un monde trompeur,

Ouvrez les yeux à la lumière,

Reprenez le joug du Seigneur.

Venez partager notre gloire :

S'il faut lutter, ne craignez pas,

La Vierge soutiendra vos pas ;

Elle est, vous le savez, Reine de la Victoire.

Toujours, etc.

C'est vainement, Vierge Marie,

Que l'enfer frémit contre nous !

Tes enfants bravent sa furie,

Et méprisent son noir courroux :
Sur tes pas ils verront la gloire
Toujours couronner leurs efforts ;
Toujours, dans leurs pieux transports,
Nos cœurs te béniront, Reine de la Victoire.
Toujours, etc.

Saint étendard de notre mère,
Nous en faisons le doux serment,
Nous te suivrons dans la carrière,
Unis jusqu'au dernier moment ;
Et quand viendra le jour de gloire
Marie entendra les vainqueurs,
Autour de toi formant leurs chœurs,
La proclamer encor Reine de la Victoire.
Toujours, etc.

42.

LA MÉDAILLE MIRACULEUSE.

Le ciel d'un jour pur se colore ;
Sur un trône dont les éclairs
Sont plus éclatants que l'aurore
Marie apparaît dans les airs.
Divine Reine, après l'orage,
L'aspect de ton front radieux

Nous annonce un jour sans nuage,
Comme l'arc rayonnant aux cieux.

Reine du ciel, ta douce image
A jamais vivra dans nos cœurs;
Pour tes enfants elle est le gage
Des plus précieuses faveurs.

Du sein des clartés immortelles
Tu tends les bras à tes enfants;
Sur eux de tes mains maternelles
S'échappent des rayons brillants.
Ces riches faisceaux de lumière
Figurent les dons précieux,
Les doux bienfaits que sur la terre
Tu fais pleuvoir du haut des cieux.
Reine du ciel, etc.

Avec quelle magnificence,
Signalant l'amour de ton cœur,
Tu fais rejaillir sur la France
Une éblouissante splendeur!
Sur les fleurs l'aurore éclatante
Fait scintiller des perles d'or;
Des grâces ta main bienfaisante
Nous verse ainsi l'heureux trésor.
Reine du ciel, etc.

Autour de toi, divine mère,
En traits d'or tu fais à nos yeux
Briller la céleste prière
Qui te rend propice à nos vœux.
O Mère du Dieu qui pardonne,
Nous la redisons chaque jour,
En déposant devant son trône
Le tribut d'un sincère amour.
Reine du ciel, etc.

Ton pied vainqueur, Reine puissante,
Écrase le monstre infernal ;
En vain sa tête menaçante
Vers toi vibre son dard fatal ;
Son souffle, ô Vierge toujours pure,
N'a point altéré ta candeur ;
Du lis, l'honneur de la nature,
Ton âme efface la blancheur.
Reine du ciel, etc.

Signe certain de la victoire,
La croix s'offre encore à nos yeux ;
Elle relève par sa gloire
Ton nom déjà si glorieux ;
Ta douleur est représentée
Par le glaive perçant ton cœur.

Une couronne ensanglantée
Ceint le front brûlant du Sauveur.
Reine du ciel, etc.

Près de Jésus, tendre Marie,
Déjà tu règnes dans les cieux,
Et nous, loin de notre patrie,
Vers toi nous élevons les yeux.
Mère de Dieu, sois notre étoile;
Fais-nous échapper à la mort,
Et guide si bien notre voile,
Qu'elle puisse arriver au port,
Reine du ciel, etc.

43.

A MON ANGE POUR MARIE.

Ange fidèle
Dont la tutelle
Me rend heureux,
Ange des cieux,
Je t'en supplie,
Écoute, écoute mes accents;
Offre à Marie
Mes transports, mes vœux et mes chants.

Je ne puis dire
Ce que le cœur m'inspire ;
Je l'aime tant ! (*bis.*)
Saint protecteur, dis à ma mère
Les soupirs de son enfant.

Vois de mon âme
La vive flamme,
Ange divin,
Et de ta main
Douce et bénie
Recueille mes tendres soupirs,
Porte à Marie
Et mes souhaits et mes désirs.
Je ne puis dire, etc.

Dis à ma mère
Que sur la terre
Tout mon bonheur
Est dans son cœur.
Il est ma vie,
Et mon refuge et mon espoir.
Dis à Marie
Comme il me tarde de la voir.
Je ne puis dire, etc.

Toi, sur ta lyre
Tu peux lui dire
Ce que ressent
Ton cœur aimant;
Sa voix chérie
Répond à tes pieux transports;
Tu vois Marie
Accueillir tes chants, tes accords.
Je ne puis dire, etc.

Oh! que j'envie
Ta douce vie,
Ange divin!
Tu vois sans fin
Dans la patrie
La Mère de mon doux Sauveur;
Sur toi, Marie
Répand les flots du vrai bonheur.
Je ne puis dire, etc.

Loin d'elle encore,
Moi je déplore,
Au sein des pleurs,
Mes longs malheurs.
Douce patrie,

Quand brillera ton jour heureux?
 Près de Marie
Quand régnerai-je dans les cieux?
 Je ne puis dire, etc.

 O guide aimable,
 Sois favorable
 A mon désir,
 Et viens finir
 Ma triste vie!
Viens trancher le fil de mes jours!
 Avec Marie
Que je demeure aussi toujours!
 Je ne puis dire, etc.

 Viens sur ton aile,
 Ange fidèle,
 Prendre mon cœur!
 Saint protecteur,
 Je t'en supplie,
C'est le plus ardent de mes vœux,
 Près de Marie
Place-moi bientôt dans les cieux!
 Je ne puis dire, etc.

44.

JE LA VERRAI.

Je la verrai, cette mère chérie;
Ce doux espoir fait palpiter mon cœur.
Elle est si bonne et si tendre Marie;
Un seul regard ferait tout mon bonheur.
    Divine Marie,
      J'ai l'espoir
    Au ciel, ma patrie,
      De te voir.

Je fus toujours l'enfant de sa tendresse;
Mais plus je suis comblé de ses bienfaits,
Et plus j'épreuve en l'âme de tristesse;
Je la chéris, je ne la vois jamais.
    Divine Marie, etc.

Je la chéris, je me plais à redire
Son nom si doux à chaque instant du jour;
A chaque instant je me plais à l'écrire :
Je le répète et l'écris tour à tour.
    Divine Marie, etc.

Je vais cherchant son image fidèle;
Mais nulle part je ne suis satisfait.

Ah! dans mon cœur ma mère est bien plus belle
Et ce tableau lui-même est imparfait.
Divine Marie, etc.

Combien encor durera son absence?
A chaque fête elle vient en ce lieu;
Mais sans la voir je suis en sa présence,
Et ce jour fuit! Adieu, ma mère, adieu!
Divine Marie, etc.

45.

SOUPIRS DE L'EXILÉ.

Vous qui régnez dans la patrie,
Souveraine auguste des cieux,
Entendez la voix qui vous prie;
Voyez mon triste sort, et recevez mes vœux!

Oh! quand viendra, ma tendre mère,
Quand viendra-t-il ce beau jour
Où de l'exil de la terre
Je volerai dans l'éternel séjour?
Quand viendra-t-il ce beau jour?

Pauvre exilé! d'amères larmes
Ont déjà sillonné mes traits;

Du bonheur je cherche les charmes;
Mais, hélas! c'est en vain; ils m'ont fui pour jamais!
   Oh! quand viendra, etc.

Je vois tous les jours de ma vie
Se consumer dans la douleur:
Telle, sur sa tige flétrie,
Au souffle de l'autan se dessèche la fleur.
   Oh! quand viendra, etc.

O vous dont l'aimable clémence
Toujours sourit aux malheureux,
J'ai mis en vous mon espérance;
Sur moi, Reine du ciel, sur moi jetez les yeux!
   Oh! quand viendra, etc.

Jamais les vœux de la faiblesse
Vers vous ne sont montés en vain:
O Vierge, que votre tendresse
Dissipe de mon cœur les peines, le chagrin!
   Oh! quand viendra, etc.

Hâtez, puissante souveraine,
L'aurore qu'appellent mes vœux!
Brisez, brisez la dure chaîne
Qui me retient captif loin de vous en ces lieux!
   Oh! quand viendra, etc.

3*

Que dans vos bras, mère chérie,
Je m'élance au gré de mon cœur !
Vierge sainte, douce Marie,
Abrégez mon exil, finissez mon malheur.
Oh ! quand viendra, etc.

Qu'un rayon de la douce flamme
Dont vous consumez vos enfants
Descende du ciel en mon âme;
Qu'il brûle mes liens, termine mes tourments !
Oh ! quand viendra, etc.

Bientôt sur ses rapides ailes
Que l'ange, exauçant mon désir,
Me porte aux voûtes éternelles,
Pour vous voir à jamais, vous chanter, vous bénir !
Oh ! quand viendra, etc.

46.

REFRAIN DU JEUNE EXILÉ.

Le ciel est ma patrie;
Je suis du peuple des élus;
Mon frère s'appelle Jésus,
Et ma mère Marie.

Quoi ! le nom de Marie est le nom de ta mère ?
Jeune enfant, c'est au ciel que tu reçus le jour ?
A quel titre oses-tu nommer Jésus ton frère ?
Qui t'inspire ce chant d'espérance et d'amour ?
       Le ciel est ma patrie, etc.

Écoutez un enfant : un livre qu'on vénère,
Où Dieu parle lui-même et nous donne sa loi,
De ma noble origine éclaircit le mystère ;
Un jour j'y lus ces mots : Mon fils, console-toi.
       Le ciel est ma patrie, etc.

Oui, Jésus est mon frère ; en une étable obscure,
Pauvre, ignoré, souffrant, il naquit autrefois ;
Le fils de l'Éternel, revêtant ma nature,
M'adopta pour son frère et me transmit ses droits.
       Le ciel est ma patrie, etc.

Que Jésus se plaisait à m'appeler son frère !
Sa mère souriait, et me nommait son fils ; [vaire ?
Qu'ils m'aimaient tous les deux ! Voyez-vous ce Cal-
Il vous apprend lui seul à quel titre je dis :
       Le ciel est ma patrie, etc.

Avant de consommer son douloureux mystère,
Jésus voulut me faire un don digne de lui ;

N'ayant plus d'autre bien, il me donna sa mère :
Voilà, voilà pourquoi je répète aujourd'hui :
        Le ciel est ma patrie, etc.

Jésus meurt; mais des siens une foule assemblée
Le vit un jour au ciel s'élever triomphant :
Bientôt auprès de lui Marie est appelée,
Et moi je reste seul ! je reste, et cependant
        Le ciel est ma patrie, etc.

Ah ! quand viendra le jour où loin de cette terre
Aussi moi vers le ciel je prendrai mon essor?
Jour heureux, hâte-toi; viens m'unir à ma mère !
Viens m'unir à Jésus, et qu'auprès d'eux encor
        Je chante en ma patrie, etc.

47.

O MERE CHÉRIE, PLACE-MOI.

        O mère chérie,
            Place-moi
    Un jour dans la patrie
        Près de toi.

Je suis aimé de toi, mère chérie ;
Ce doux penser fait palpiter mon cœur ;

C'est un parfum qui réjouit ma vie,
Et dans l'exil me donne le bonheur !
    O mère chérie, etc.

Quand viendra-t-il ce jour, mère chérie,
Où je pourrai reposer sur ton cœur ?
Je veux du moins, ô divine Marie,
Chanter ton nom pour calmer ma douleur.
    O mère chérie, etc.

Le voyageur au nom de sa patrie
Sentit toujours renaître sa vigueur ;
Ton nom puissant, ô divine Marie,
A plus encor d'empire sur mon cœur.
    O mère chérie, etc.

Dans les ennuis, à mon âme flétrie
Ton nom si cher rend le calme et la paix.
Dès qu'on t'implore, ô puissante Marie,
Le Ciel sourit et verse ses bienfaits.
    O mère chérie, etc.

Ce nom si doux pour un enfant qui prie,
Je le redis mille fois chaque jour ;
Et je le sens, ô divine Marie,
Ton œil sur moi repose avec amour.
    O mère chérie, etc.

48.

O VOUS QUE LA GLOIRE ENVIRONNE.

O vous que la gloire environne,
O Reine des célestes chœurs,
A l'envi devant votre trône
Nous venons déposer nos cœurs.
Les anges, ô Vierge bénie,
Nous inspirent leur tendre amour ;
Nous voulons comme eux chaque jour
Chanter vos grandeurs, ô Marie !

Avec quel soin, quelle tendresse,
A vos enfants du haut des cieux
Les esprits purs viennent sans cesse
Apporter vos dons précieux!
Mère aimable, mère chérie,
Nous vous devons notre bonheur;
L'ange, pour plaire à votre cœur,
Vient nous protéger, ô Marie !

Lorsque la crainte nous resserre,
Les ministres de votre cour
Chantent que vous êtes la mère
De l'espérance et de l'amour.

Du haut de la sainte patrie
Vous daignez nous tendre les bras :
Vous guidez vous-même nos pas :
Vous nous consolez, ô Marie !

Lorsque l'ouragan se déchaîne
Et soudain vient nous assaillir,
Vous ordonnez, puissante Reine,
Aux anges de nous secourir.
Oh ! que notre âme est attendrie
Au souvenir de vos bienfaits !
Dans nos cœurs vivront à jamais
Vos soins si touchants, ô Marie !

A votre bonté maternelle
Sans cesse nous avons recours ;
En paix, à l'ombre de votre aile,
S'écouleront nos heureux jours ;
Et, quand finira notre vie,
Nous irons avec les élus,
Avec l'ange adorer Jésus,
Et vous contempler, ô Marie !

49.

VIERGE DONT LES ANGES CHANTENT LES GRANDEURS.

Vierge dont les anges
Chantent les grandeurs,
Avec nos louanges
Recevez nos cœurs.

A l'auguste Marie,
  La Reine des cieux,
Notre mère chérie,
  Présentons nos vœux.
  Vierge, etc.

L'ange à ses pieds s'incline,
  Joyeux la bénit ;
De la Reine divine
  L'éclat le ravit.
  Vierge, etc.

A celui qui l'implore
  Elle ouvre son cœur,
Et l'âme qui l'honore
  Goûte le bonheur.
  Vierge, etc.

Sa main répand sans cesse
 Des bienfaits touchants.
Bénissons sa tendresse
 Dans nos humbles chants.
 Vierge, etc.

50.

DERNIER CHANT A MARIE.

Courbés au pied de ton image,
Dans ce mois si cher à nos cœurs,
A t'offrir un tribut d'hommage
Que nous éprouvons de douceurs !
Du haut de la sainte patrie
Prête encor l'oreille à nos vœux,
Et sur nous, ô tendre Marie,
Avec bonté jette les yeux.

Reine du ciel et de la terre,
Souris à nos humbles accents :
Mère de Dieu, sois notre mère ;
Nous voulons être tes enfants.

Quand chaque soir dans cette enceinte
Tes enfants venaient te bénir,

A ton nom seul, ô Vierge sainte,
Ils sentaient leurs cœurs s'attendrir.
Ta main de sa magnificence.
A pour nous ouvert les trésors;
Oui, toujours la reconnaissance
Excitera nos doux transports.
Reine du ciel, etc.

Que de fois, au concert des anges
Mêlant nos cantiques joyeux,
Nous avons chanté tes louanges,
Et redit ton nom glorieux!
O bonheur! d'une humble prière
Tu daignais agréer l'encens;
Tu daignais d'un amour sincère
Accueillir les gages touchants.
Reine du ciel, etc.

Que de fois au pied de ton trône,
Avec nos guirlandes de fleurs,
Aimable et céleste patronne,
Nous avons déposé nos cœurs!
Présent de la saison nouvelle,
Ces roses ne durent qu'un jour;
Mais toujours brille l'immortelle :
C'est l'emblème de notre amour.
Reine du ciel, etc.

Protectrice de l'innocence,
Refuge assuré des pécheurs,
Mère de la sainte espérance,
A jamais règne sur nos cœurs.
Si l'on trouve tant de délices
A t'invoquer, à te chérir,
Reine des cieux, sous tes auspices
Nous voulons tous vivre et mourir.
Reine du ciel, etc.

L'impie au milieu des alarmes
Traînera ses jours de douleur;
Notre âme goûtera les charmes
De l'innocence et du bonheur.
Sans crainte à l'ombre de tes ailes
Nous entendrons les vents mugir;
A tes lois nous serons fidèles.
Qui t'honore ne peut périr...
Reine du ciel, etc.

Dans ce beau jour ta main propice
Nous verse de nouveaux bienfaits,
Et sous ton aile protectrice
Nous respirons la douce paix.
Ton mois bientôt, bonne Marie,
Hélas! terminera son cours;

Mais les faveurs, mère chérie,
Dans notre âme vivront toujours.
Reine du ciel, etc.

51.

POURQUOI FAUT-IL QUITTER LE PORT?

O puissante Marie,
Vierge de bon secours,
Ah! daignez protéger notre[vie,
Nous guider de votre main toujours.

Dans votre sanctuaire
Je reposais joyeux;
Ah! pourquoi sur l'onde amère
M'embarquer et quitter ces beaux lieux?
O puissante, etc.

A l'abri du naufrage,
Je bénissais mon sort;
Je riais des vents et de l'orage;
Ah! pourquoi faut-il quitter le port!
O puissante, etc.

On voit trembler sur l'onde
Les plus vieux matelots !
Pauvre enfant, lorsque l'orage gronde
Sans frayeur braverai-je les flots?
   O puissante, etc.

Sur l'océan du monde
Irai-je donc mourir?
O Marie, accompagnez sur l'onde
Votre enfant, qui sans vous va périr.
   O puissante, etc.

O Vierge, sous votre aile
Je vais rester encor;
Votre main guidera ma nacelle,
Et bientôt je reverrai le port.
   O puissante, etc.

CANTIQUES

SUR

DIVERS SUJETS

CANTIQUES

SUR

DIVERS SUJETS

52.

JÉSUS MON ESPÉRANCE.

Jésus, mon espérance,
Jésus, mon Dieu Sauveur,
Ah! combien de ta douce naissance
La mémoire est chère à notre cœur!

Naissant il manifeste
Aux humbles son amour.
Des bergers la troupe humble et modeste
La première est admise à sa cour.

Ils savent que les anges
Ont chanté : Gloire à Dieu!
Et leur voix est l'écho des louanges
Que le ciel exhale dans ce lieu.

Ils n'offrent pas l'hommage
De l'or ni de l'encens ;
La foi simple est tout leur héritage ;
C'est leurs cœurs qu'ils donnent pour présents.

De l'enfant adorable
Ils contemplent les traits,
Et sur eux le Sauveur tout aimable
De sa main répand les doux bienfaits.

Dans les bras de sa mère
Le voilà, pauvre enfant,
Qui déjà mêle une larme amère
Au lait pur qu'à goûter il consent !

Qui pourra reconnaître
Dans l'ombre sa splendeur,
Dans l'oubli le Seigneur et le maître,
Sur la paille un Dieu même, un Sauveur?

Quelle grâce enfantine !
Et quelle majesté !
C'est d'un Dieu la sagesse divine,
D'un enfant c'est la simplicité.

Adorable mystère,
Restez caché pour nous ;

De la foi nous avons la lumière,
La raison s'incline devant vous.

Vierge auguste et chérie,
Mère du Dieu sauveur,
En ce jour, le plus beau de ta vie,
A Jésus daigne offrir notre cœur.

53.

L'ÉTOILE A BRILLÉ SUR NOS TÊTES.

L'étoile a brillé sur nos têtes;
Allons tous au berceau sacré.
O jour d'amour! ô jour de fêtes!
Jésus veut bien être adoré.
Enfant le voilà dans les langes,
Nous révélant son cœur divin;
Il nous reçoit avec les anges
Pour nous mériter leur destin.

O Jésus, notre Dieu d'amour!
Nos cœurs sont à vous sans retour.

Contemplez sa beauté céleste;
Rois et bergers, approchez tous.
De sa gloire il ne manifeste

Qu'un rayon qui brille pour vous.
Il est petit, et sur la terre
Comme nous il répand des pleurs :
Naissant il choisit la misère
Pour préluder à ses douleurs.
O Jésus, etc.

Mais la foi, lumière profonde,
Vous dit : C'est lui, c'est le Sauveur ;
C'est la vie et l'espoir du monde ;
C'est le Christ, c'est le Créateur.
Il vient réparer son ouvrage ;
Son cœur nous donne le pardon,
Et de notre triste esclavage
Son sang va payer la rançon.
O Jésus, etc.

Aimons-le bien, car il nous aime ;
Tout son sang va nous le prouver ;
Qu'il soit une source suprême
Où nos cœurs viennent s'abreuver !
Vous connaître, ô Dieu tout aimable !
Pour vous, partager votre sort ;
Voler, ô douceur ineffable,
A vous dans la vie et la mort.
O Jésus, etc.

O tige sainte et solitaire,
Grandissez, ô lis d'Israël !
De la crèche allez au Calvaire
Pour sceller le pacte immortel.
Sublime enfant, grâce divine,
Quel cantique est digne de vous?
Le cœur aime, le front s'incline;
D'un seul regard bénissez-nous
O Jésus, etc.

54.

EUCHARISTIE.

Adorable mystère,
O Jésus, mon Sauveur,
Don du ciel à la terre,
Viens régner dans mon cœur.

Adieu, gloire, richesses,
Vains honneurs, faux plaisirs :
Les unes sont tristesses,
Les autres, vains désirs;
Mais dans la coupe aimable
Qu'apprête le Seigneur,

Tout devient délectable,
Tout agrandit le cœur.
Adorable mystère, etc.

C'est l'enfant de l'étable,
C'est le divin Pasteur,
La Victime adorable,
Le Dieu réparateur.
Il fut, comme nous sommes,
Voyageur ici-bas,
Mais semant pour les hommes
Les bienfaits sous ses pas.
Adorable mystère, etc.

Guérissant les blessures
Et calmant les douleurs,
Aimant les âmes pures
Et sauvant les pécheurs;
Par ses discours sublimes
Il nous instruit toujours.
Il prit sur lui nos crimes,
Les expia pour nous.
Adorable mystère, etc.

C'est la vive parole,
C'est le parfum du ciel;

Son front a l'auréole,
Sur sa lèvre est le miel.
Soudain sur le Calvaire
La croix lui tend ses bras :
Il meurt ! mais sur la terre
Il ne nous quitte pas.
Adorable mystère, etc.

O croyance adorable !
O prodige d'amour,
A cette sainte table
Jésus vient chaque jour :
O parole féconde
Du prêtre consacrant !
Le Créateur du monde
Devient notre aliment.
Adorable mystère, etc.

O salutaire hostie !
O Fils de l'Éternel !
Tu soutiens notre vie
Et nous ouvres le ciel ;
Dans la cruelle guerre
Que nous livre Satan,
Aide-nous sur la terre
De ton bras tout-puissant.
Adorable mystère, etc.

L'ami pour la tendresse,
Le soutien du malheur,
La force à la faiblesse,
Le calme à la douleur,
Surtout, bonté suprême,
Intelligence, amour,
Voilà le Dieu qui m'aime,
Et que j'aime à mon tour
Adorable mystère, etc.

55.

LA SAINTE PAIX EST SON OUVRAGE.

O sainte paix de l'innocence,
Du bonheur pur reflet si doux,
Rayon d'amour et d'espérance,
Toujours, toujours brillez sur nous.

Que tous les soirs de nos journées,
Toutes les fleurs de nos matins
Soient doucement abandonnées
A l'ange qui suit nos destins.

Que le parfum de nos prières,
Que les élans de notre cœur,

Que nos esprits, que nos lumières
Ne soient qu'un hommage au Seigneur.

Il est si bon, si tendre père!
Son nom console tant de maux!
C'est en lui que l'épreuve espère;
C'est lui qui bénit nos travaux.

La sainte paix est son ouvrage;
Le pur bonheur vient de sa main;
C'est lui dont la voix encourage,
Qui relève dans le chemin.

Son œil aimant suit dans la vie
L'âme souffrante aux jours mauvais;
Et son départ pour la patrie
Est encore un de ses bienfaits.

O douce paix, sainte espérance!
La vie est le chemin des cieux.
Le voyageur dans l'innocence
Y coule des jours précieux.

Et si parfois dans la nuit sombre
L'orage soulève les flots,
Une étoile brille dans l'ombre:
Marie, espoir des matelots.

O nom divin! douce Marie,
Quel hymne s'achève sans vous?
Devant Dieu quand notre âme prie,
Vous-même l'invoquez pour nous.

O sainte paix de l'innocence,
Du bonheur pur reflet si doux,
Rayon d'amour et d'espérance,
Toujours, toujours brillez sur nous!

56.

O SAINTS ANGES!

Devant vous, esprits angéliques,
En chœur nous venons à genoux
Redire dans nos saints cantiques :
O saints anges, priez pour nous!

Vous qui brillez devant le trône
Du Dieu qui nous a créés tous,
Et dont l'éclat vous environne,
O saints anges, priez pour nous!

Vous dont les lèvres enflammées
Répètent ce refrain si doux :
Saint, saint, saint, le Dieu des armées,
O saints anges, priez pour nous!

Vous qui, par un heureux partage,
Du Dieu qui se révèle à vous
Contemplez le front sans nuage,
O saints anges, priez pour nous!

Vous que Jacob fuyant son frère,
Dont il redoutait le courroux,
Vit sur l'échelle du mystère,
O saints anges, priez pour nous!

Vous qui du Dieu de la clémence,
Fait homme pour nous sauver tous,
Avez révélé la naissance,
O saints anges, priez pour nous!

Vous que Jésus fit apparaître
Quand, de la mort bravant les coups,
De la tombe on le vit renaître,
O saints anges, priez pour nous!

Vous qu'on vit, quand près de son Père
Il prit place au-dessus de vous,
Brillants d'une pure lumière,
O saints anges, priez pour nous!

Vous qui sans cesse au Dieu suprême,
Comme le parfum le plus doux,
Offrez les vœux du cœur qui l'aime,
O saints anges, priez pour nous!

Vous qui tressaillez d'allégresse
Lorsque Dieu, calmant son courroux,
Veut rendre au pécheur sa tendresse,
O saints anges, priez pour nous !

Vous qui chaque jour de nos âmes
Combattez l'ennemi jaloux,
Esprits d'amour, esprits de flammes,
O saints anges, priez pour nous !

Vous qui paraîtrez avec gloire
Quand Dieu viendra nous juger tous,
Vous qui chanterez sa victoire,
O saints anges, priez pour nous !

57.

SAINTE CÉCILE.

Que sont nos airs mélodieux
Auprès des célestes louanges ?
Mais, pour s'unir aux chants des anges,
La voix du cœur s'élève aux cieux.

Sainte Cécile
Au nom si doux,
En cet asile,
Priez pour nous.

Souvenez-vous de vos transports,
De votre harpe au ciel ravie,
Quand votre âme, durant la vie,
Cherchait la paix dans des accords.
  Sainte Cécile, etc.

Vierge du séjour immortel,
A nos vœux montrez-vous sensible ;
Venez un moment, invisible,
Parmi nous devant cet autel.
  Sainte Cécile, etc.

Que soudain nos cœurs étonnés
Sentent l'ineffable présence ;
Et que nos fronts dans le silence
Devant Dieu restent prosternés !
  Sainte Cécile, etc.

. . . .

Plusieurs poses.

. . . .

  LE CHOEUR *pianissimo*.
  Sainte Cécile, etc.

O doux espoir, ô sainte foi !
Que de trésors dans ta pensée !
L'âme ici la plus délaissée
Trouve asile et secours en toi !
  Sainte Cécile, etc.

Fille du bienheureux séjour,
O Cécile, aimable patronne,
Laissez-nous pour notre couronne
Votre innocence et votre amour.
        Sainte Cécile, etc.

58.

A SAINT FRANÇOIS XAVIER.

Chantons, célébrons sa mémoire;
Il est vierge, apôtre, et martyr;
Il a trois couronnes de gloire;
Trois fois nous devons l'applaudir!

Dieu dit : Je l'ai nommé d'avance
Dans ma bonté pour l'univers;
Il vient, vêtu de ma puissance,
Des nations briser les fers;
Par sa parole conquérante
Il ira, seul et sans soldats,
Sous la bannière triomphante
Ranger cinquante potentats.
Chantons, etc.

Près de franchir la terre et l'onde,
Debout aux rives d'Occident,
Un héros mesure le monde
Et l'embrasse d'un œil ardent :
C'est lui... François Xavier s'élance,
Il s'élance comme un géant :
Vers vous le voilà qui s'avance,
Regardez, peuples d'Orient.
Chantons, etc.

Il paraît !... L'Ange des ténèbres
A fui l'éclair de son regard.
Tremblantes, les hordes funèbres
Ont replié leur étendard.
Déjà se penchent vers la terre
Les temples d'un culte vieilli ;
Jusqu'au fond de leur sanctuaire
Les dieux de l'Inde ont tressailli.
Chantons, etc.

Des morts fécondant la poussière,
Sa parole ouvre les tombeaux ;
Reculant d'un pas en arrière,
La peste brise ses fléaux,
La guerre le voit et s'arrête :
La nature suspend ses lois ;

Devant lui se tait la tempête,
Et l'Océan retient sa voix!...
Chantons, etc.

Pour ce cœur que l'amour dévore
L'univers se trouve petit;
Il veut marcher, marcher encore;
Mais sous ses pas la terre fuit.
Il meurt en voyant le rivage
Où devait flotter son drapeau;
Il meurt alors que son courage
Évoquait un monde nouveau.
Chantons, etc.

Grand Xavier, sur nous de ton zèle
Épanche les vives ardeurs.
Oh! si du moins une étincelle
Pouvait en tomber sur nos cœurs!
Peut-être qu'aux peuples sauvages
De la foi portant le flambeau
Comme toi sur d'affreuses plages
Nous irions chercher un tombeau!
Chantons, etc.

CANTATE

POUR LA FÊTE DES SAINTS INNOCENTS (1).

PLUSIEURS VOIX.

Dieu d'Israël, Dieu de nos pères,
Seigneur, Seigneur, secourez-nous!
Rendez les enfants à leurs mères ;
Venez, Seigneur, venez ; nous périssons sans vous!

UNE VOIX.

Grand Dieu, de toutes parts quels accents retentis-
  Soudain qu'ai-je entendu?   [sent?
  Quel spectacle!... un peuple éperdu,
Des soldats teints de sang, des mères qui gémissent
Sur les corps mutilés de leurs fils expirants !

. . . .

Malheureuse Rachel, pleure sur tes enfants!
La voilà cette nuit de douleur éternelle,

---

(1) Les paroles et la musique se trouvent chez l'éditeur.

Qui doit faire gémir les échos de Rama :
Par l'ordre du tyran, déjà la mort cruelle
De sa faux meurtrière a dévasté Juda.

. . . .

Dieu tout-puissant, Dieu de clémence,
Contre notre ennemi donnez-nous du secours :
Que pourraient sur son cœur les traits de l'innocence
Quand de son propre fils il a tranché les jours?

PLUSIEURS VOIX.

Dieu d'Israël, Dieu de nos pères,
Seigneur, Seigneur, secourez-nous!
Rendez les enfants à leurs mères;
Venez, Seigneur, venez; nous périssons sans vous!

UNE VOIX.

Mais quel jour vient d'éclore?
Quelle nouvelle aurore
Resplendit à nos yeux?
Des accords magnifiques,
De sublimes cantiques
Se font entendre aux cieux.
Les anges sur leur lyre
S'unissent pour redire
Des chants délicieux.
Et nos sacrés portiques

Répètent les cantiques
Des anges bienheureux.

CHOEUR DES ANGES qui reçoivent les saints Innocents.

Victoire, victoire !
Fils d'Israël, réjouissez-vous :
Pour vous brille le jour de gloire ;
Qu'il est pur, qu'il est beau, qu'il est doux !

CHOEUR DES SAINTS INNOCENTS S'ÉLEVANT

AUX CIEUX.

Victoire, victoire !
Fils d'Israël, réjouissez-vous :
Pour nous brille le jour de gloire ;
Qu'il est pur, qu'il est beau, qu'il est doux !

UN ANGE aux Israélites.

Sainte tribu, tribu chérie,
Sur tes enfants ne pleure plus :
Ils sont tombés pour le Messie ;
Ils forment la cour de Jésus !
Descendants de Juda, bannissez les alarmes
Qui déchiraient vos cœurs ;
Il est passé le jour des larmes ;
Écoutez les refrains de nos jeunes vainqueurs.

CHOEUR DES SAINTS INNOCENTS AU CIEL.

Victoire, victoire !
Fils d'Israël, réjouissons-nous :
Pour nous brille le jour de gloire ;
Qu'il est pur, qu'il est beau, qu'il est doux !

UN ISRAÉLITE.

Sainte tribu, tribu chérie,
Sur tes enfants ne pleure plus :
Ils sont tombés pour le Messie ;
Ils forment la cour de Jésus !

PLUSIEURS VOIX.

Descendants de Juda, bannissons les alarmes
Qui déchiraient nos cœurs :
Il est passé le jour des larmes ;
Répétons les refrains de nos jeunes vainqueurs !

CHOEUR DES ISRAÉLITES.

Victoire, victoire !
Fils d'Israël, réjouissons-nous
Pour nous brille le jour de gloire ;
Qu'il est pur, qu'il est beau, qu'il est doux !

UNE VOIX.

O peuple infortuné, par tes chants d'allégresse
Du Dieu qui te bénit exalte les faveurs :
C'est de ton sang que naît l'enfant de la promesse ;
Ton sang coule pour lui : bénissons le Seigneur.

UNE AUTRE VOIX.

Oui, que nos voix s'unissent
Pour louer le Seigneur !
Qu'en tous lieux retentissent
Nos hymnes de bonheur !

CHOEUR DES ISRAÉLITES.

Qu'il est grand, ô Sion, le Dieu que tu révères !
L'univers est à lui, l'Éternel est son nom ;
Pour nous il est toujours le plus tendre des pères ;
Répétons à jamais : Que le Seigneur est bon !

UNE VOIX.

Que du couchant à l'aurore
Toute la terre l'adore,
Et se joigne à Sion
Pour redire à jamais : Que le Seigneur est bon !

UNE AUTRE VOIX.

Le Ciel, se souvenant de la sainte alliance
Dont les droits solennels lui consacrent nos cœurs,
De sa juste colère apaise les rigueurs,
Laisse parler pour nous la voix de sa clémence,
    Et son amour et nos malheurs !
Patriarches bénis et fidèles prophètes,
    Ranimez-vous dans le tombeau;
    Venez jouir d'un jour si beau !
Le Seigneur a pour nous signalé sa puissance,
    Israël voit son Rédempteur :
Déjà, de nos enfants couronnant l'innocence,
Deux fois en ce beau jour il rend Juda vainqueur.

CHŒUR DES ISRAÉLITES.

Qu'il est grand, ô Sion, le Dieu que tu révères !
L'univers est à lui, l'Éternel est son nom;
Pour nous il est toujours le plus tendre des pères;
Répétons à jamais : Que le Seigneur est bon !

UNE VOIX.

    Orgueilleux enfants de la terre,
D'un peuple malheureux oppresseurs criminels,
Tremblez !... il est venu Celui dont la colère

A jamais confondra tous vos complots cruels.
C'est le Dieu d'Israël, c'est le Dieu des armées :
Déjà nos tribus alarmées
Se raniment à sa voix ;
Tous les peuples bientôt soumis à son empire,
S'uniront pour redire
La douceur de ses lois.

CHOEUR DES ISRAÉLITES.

Qu'il est grand, ô Sion, le Dieu que tu révères !
L'univers est à lui, l'Éternel est son nom ;
Pour nous il est toujours le plus tendre des pères ;
Répétons à jamais : Que le Seigneur est bon !

CANTIQUE

POUR LA FÊTE DE LA PENTECÔTE, DE SAINT-PIERRE
ET AUTRES APÔTRES (1).

———

L'ÉGLISE SUR LA MER DU MONDE.

D'un regard tranquille et serein
Jésus voyait venir l'orage.
Va, dit-il au pêcheur, va braver le naufrage.
Le pêcheur aussitôt entonna son refrain :
    Dieu ! quand il s'agit de ta gloire,
    Nous voguerons contre les flots;
    La croix assure la victoire.
    Courage ! en avant, matelots !

Jésus a dit : il monte aux cieux.
S'élançant sur la mer du monde,
La barque du pêcheur fièrement brise l'onde;
La plage au loin redit ce chant victorieux :
    Dieu ! etc.

(1) La musique de ce cantique, par le P. L. Lambillotte, se
trouve chez Regnier-Canaux, rue Sainte-Apolline, 17.

Mais de l'enfer j'entends la voix :
La tempête à ce cri s'avance,
Mugit, enfle ses flots, et sur Pierre s'élance ;
Pierre meurt et s'écrie en embrassant la croix :
    Dieu ! etc.

Satan frémit ; va ! désormais
Du monde je reprends l'empire.
Mais non, le frêle esquif se transforme en navire ;
Il s'avance plus fier, plus hardi que jamais.
    Dieu ! etc.

Aux ans succéderont les ans ;
Mais tour à tour un nouveau Pierre,
De sa voix dominant le fracas du tonnerre,
Gouverne sans faillir à travers les brisants.
    Dieu ! etc.

Ah ! qu'il est beau ton pavillon
Lorsqu'au souffle de la tempête
Il s'agite et frémit comme en un jour de fête,
Des autans conjurés bravant le tourbillon.
    Dieu ! etc.

Monde, en vain tu menaceras ;
La tempête nous fait sourire :

Pierre, nous sommes nés à bord de ton navire;
S'il te faut des rameurs, parle, voici nos bras :
    Dieu! quand il s'agit de ta gloire,
    Nous voguerons contre les flots;
    La Croix assure la victoire.
    Courage! en avant, matelots!

FIN

TABLE DES MATIÈRES

CHANTS À MARIE.

CANTIQUES SUR DIVERS SUJETS.

TABLE

Pour aider dans l'usage des Cantiques de ce recueil,
selon les différentes circonstances de l'année.

MUSIQUE DU R. P. L. LAMBILLOTTE.

CANTATE A SAINTE CÉCILE, paroles du R. P. Lefebvre; in-f°.
Prix net :   1 fr. 50 c.

CANTATE AU SACRÉ COEUR DE JÉSUS, par le même; in-f°.
Prix net :   1 fr. 50 c.

CANTIQUES (choix de) sur des airs nouveaux pour toutes
les fêtes de l'année, à trois voix, avec accompagnement
d'orgue ou de piano, grand in-8°. Prix net :   10 fr.
— Les mêmes, paroles seules, in-18.   1 fr.

CHANTS A MARIE, première partie, paroles du R. P. Al.
Lefebvre; grand in-12. Prix net :   3 fr. 75 c.
— Les mêmes, paroles seules, in-18.   80 c.

CHANTS A MARIE, seconde partie, paroles du R. P. N.
Louis; in-8°. Prix net :   5 fr.

CHANTS A MARIE, troisième partie, paroles des RR. PP.
H et F. Dumas, M. de Boylesve, Ch. Daniel, F. Lelas-
seur, J. Dufour D., V. Alet, etc., in-8°. Prix net : 6 fr.
— Les mêmes, paroles seules, in-18.   80 c.

CHANTS SACRÉS (recueil de) pour les Saluts, Vêpres et
Messes de toute l'année, avec accompagnement d'or-
gue; in-4°. Prix net :   12 fr.
— Les mêmes, sans accompagnement; in-18.
Prix net :   2 fr. 50 c.

CHOIX DES PLUS BEAUX AIRS DE CANTIQUES, arrangés à
deux parties, à l'usage des divers recueils de Saint-Sulpice,
Avignon, Amiens, et autres; in-18. Prix net : 2 fr. 25 c.

LITANIES (trente) DE LA SAINTE VIERGE, à trois et quatre
voix, pour être chantées alternativement entre le plain-
chant et la musique, avec accompagnement d'orgue; gr.
in-4°. Prix net :   5 fr.

MÉLODIES RELIGIEUSES, ou Romances en l'honneur de
Marie; paroles du R. P. Lefebvre; à trois parties, avec
accompagnement de piano; petit in-f° contenant trente
romances. Prix net :   20 fr
— Chaque livraison de six romances. Prix net :   4 fr.

RECUEIL DE CANTIQUES à l'usage de la jeunesse, pour le
temps de la retraite, paroles de Racine, Fénelon, de
Montfort, etc., in-8°. Prix net :   2 fr.

SALUT pour les fêtes du Saint-Sacrement, du Sacré-Cœur,
de Marie Immaculée et des Saints Martyrs, in-4°, avec
une belle lithographie. Prix net :   4 fr.
— Les parties séparées, Prix net :   2 fr.

SALUTS, avec accompagnement d'orgue ou de piano, pour
les fêtes de deuxième et troisième classe: 5 livraisons
in-4°. Prix net :   15 fr.

www.ingramcontent.com/pod-product-compliance
Lightning Source LLC
Chambersburg PA
CBHW051716090426
42738CB00010B/1942